精説 簿記論

田中　恵美子 著

大学教育出版

まえがき

　経済のグローバル化の急速な進展にともない、企業の経営活動も複雑多岐にわたる今日、会計情報は最大限の経営成果を獲得するための的確な意思決定要素として、その重要性を益々強めている。

　このようななかで、経営者や会計担当者のみならず、すべてのビジネスパーソンに複式簿記を通じて作成される重要な会計情報を有効に利用する知識や技能が求められているといえよう。そのためには、理論的な理解と裏づけにとどまらず、実践的な技法や形式を習得することによる相互作用により、複式簿記の総合的な深い理解が得られるものと思われる。本書の執筆にあたって留意した点は、以下のとおりである。

1. 　簿記を初めて学ぶ学生や多くの人々を対象として、無理なく理解できるように初級程度の内容に止めるよう配慮した。しかし、基本的内容であってもより高度な水準に到達することへの道標として、複式簿記の全体構造を網羅してある。そのため、その理解には平易な設例や図解を豊富に取り入れ、視覚のうえでも効果的な学習がおこなえるよう工夫した。

2. 　各章では、まずそれぞれの理論的な内容について説明をおこない、設例を読むことで一層の理解を促進し、あわせて練習問題を繰り返し解答することによって、理論と実践の総合的な学習がおこなえるような構成をとった。

3. 　簿記の検定試験や、また将来税理士試験などの国家資格を目指そうとする人々にとって、多くの練習問題に触れることは大きな学習効果が期待できるものと思われる。そのため、実力を段階的に養成できるように、すでに学習した内容もあらためて確認できる練習問題をほぼ各章ごとに配置

した。その際、検定試験などで使用される機会が多いと思われる文言をつとめて採用するようにした。

簿記を初めて学ぼうとする全ての人々にとって、本書が小さくとも確実な一歩となる役目を果たし得ることを願ってやまない。また、筆者と志を共にしながら若くして病に倒れた故川久保敏行氏に、本書を捧げるものである。

おわりに、筆者の遅くスタートした研究者生活を温かく見守ってくださっている明治大学大学院経営学研究科安部悦生教授はじめ明治大学の諸先生方、および桜美林大学経済学部教授・産業研究所所長吉田三千雄先生に心より深く感謝申し上げたい。なお、本書の刊行にあたり多大のご配慮を賜わった大学教育出版の皆様方に厚くお礼を申し上げる次第である。

2008年1月

田中　恵美子

精説　簿記論

目　次

第1章 総論 ……………………………………………………… 1
1. 簿記の意義と目的　*1*
2. 簿記の種類　*1*
3. 会計公準　*2*
4. 企業の経営活動と会計期間　*3*

第2章 簿記の基本構造 ………………………………………… 4
1. 資産・負債・資本と貸借対照表　*4*
2. 財産法　*6*
3. 費用・収益と損益計算書　*7*
4. 損益法　*8*
   【練習問題2-1】　*9*
   【練習問題2-2】　*9*
   【練習問題2-3】　*10*

第3章 取引 ……………………………………………………… 11
1. 簿記上の取引　*11*
2. 取引の種類　*12*
3. 取引8要素の結合関係　*13*
   【練習問題3-1】　*14*
   【練習問題3-2】　*14*

第4章 勘定と仕訳 ……………………………………………… 15
1. 勘定　*15*
2. 勘定への記入　*16*
3. 仕訳　*17*
4. 転記　*18*
5. 帳簿　*22*
6. 貸借平均の原理　*29*

7. 簿記一巡の手続き　*29*
   【練習問題 4-1】　*30*

第 5 章　試算表 …………………………………………………… *32*
1. 試算表の意義　*32*
2. 試算表の作成　*33*
   【練習問題 5-1】　*36*

第 6 章　商品売買取引 …………………………………………… *38*
1. 商品売買の処理　*38*
2. 掛　取　引　*41*
3. 返品・値引き　*45*
4. 諸　掛　り　*46*
5. 仕入帳と売上帳　*47*
6. 商品有高帳　*48*
   【練習問題 6-1】　*50*

第 7 章　現金・預金取引 ………………………………………… *52*
1. 現金と現金過不足　*52*
2. 当座預金と当座預金出納帳　*54*
3. 小　口　現　金　*57*
   【練習問題 7-1】　*60*

第 8 章　手形取引 ………………………………………………… *61*
1. 手形の種類　*61*
2. 手形の裏書と割引　*66*
3. 手形の不渡り　*70*
4. 手形貸付金と手形借入金　*71*
5. 手形の更改　*71*

6. 受取手形記入帳と支払手形記入帳　*72*

   　　【練習問題 8-1】　*73*

   　　【練習問題 8-2】　*74*

第 9 章　その他の債権・債務 …………………………………………… *77*

   1. 貸付金と借入金　*77*

   2. 未収金と未払金　*78*

   3. 前払金（前渡金）と前受金　*79*

   4. 仮払金と仮受金　*80*

   5. 立替金と預り金　*81*

   6. 商品券と他店商品券　*82*

   　　【練習問題 9-1】　*83*

第 10 章　固定資産取引 ……………………………………………………… *84*

   1. 固定資産の意義と分類　*84*

   2. 固定資産の取得　*84*

   3. 固定資産の除却と売却　*85*

   　　【練習問題 10-1】　*86*

第 11 章　有価証券取引 ……………………………………………………… *87*

   1. 有価証券の分類　*87*

   2. 有価証券の購入と売却　*87*

   3. 配当・利息の受け取り　*88*

   　　【練習問題 11-1】　*91*

第 12 章　個人企業の資本取引 …………………………………………… *92*

   1. 資本金勘定　*92*

   2. 引出金勘定　*93*

   　　【練習問題 12-1】　*94*

第13章　決　算（Ⅰ） ………………………………………………… 95

1. 決算の手順　*95*
2. 精　算　表　*96*
3. 主な決算整理事項　*98*
4. 売上総利益、売上原価の算定　*98*
   【練習問題 13-1】　*102*
5. 棚卸資産の評価　*103*
6. 現金過不足の処理　*104*
   【練習問題 13-2】　*105*
7. 消耗品の処理　*106*
   【練習問題 13-3】　*107*

第14章　決　算（Ⅱ） ………………………………………………… *109*

1. 貸倒引当金　*109*
   【練習問題 14-1】　*112*
   【練習問題 14-2】　*113*
2. 減 価 償 却　*114*
   【練習問題 14-3】　*119*
   【練習問題 14-4】　*119*
   【練習問題 14-5】　*120*
3. 有価証券の評価　*120*
4. 損益の繰延べと見越し　*121*
   【練習問題 14-6】　*126*

第15章　精算表の作成 ………………………………………………… *127*

1. 精算表の作成　*127*
2. 元帳の締め切り　*131*
   【練習問題 15-1】　*139*

第16章 伝 票 …………………………………………………… *141*

1. 入 金 伝 票　*141*
2. 出 金 伝 票　*142*
3. 振 替 伝 票　*143*
4. 一部振替取引　*143*
5. 伝票集計表　*145*

　　【練習問題 16-1】　*148*

【練習問題：解答】…………………………………………………*150*

索　　引 ……………………………………………………*169*

精説　簿記論

第1章
総　論

1.　簿記の意義と目的

　企業は、本来、利益を獲得することを目的として活動を行っており、その結果を示す経営成績や、一定時点における財政状態が正確に計算されなければ、将来にわたる合理的な経営方針を立案することができない。それゆえ、企業経営者自らが企業の正確な経営成績や財政状態を知ることは、重要な情報かつ判断材料となる。さらに、企業規模が拡大するにつれ、企業をとりまく株主、債権者、国・地方公共団体、一般消費者等の増加する様々な利害関係者にとっても、同様に重要なものとなる。
　このように今日の企業に対する社会的責任や影響を鑑みれば、企業の計算書類、報告書類等すべての記帳は客観的でかつ信頼性のある方法で作成されなければならない。そこで簿記は、企業の経営活動から生じる日常的な取引を正確に帳簿に記録し、計算し、整理したうえで報告書を作成し、明らかにするための秩序体系を持つルールとして機能するのである。

2.　簿記の種類

　経済主体が用いる簿記は、大きく企業簿記と非企業簿記とに分類することができる。企業簿記は営利追求を目的とする企業に適用され、様々な業種の経済主体によって企業活動が行われるように、これに応じて使用される簿記の種類

も様々である。本書で取り扱う商業簿記は、一般に商品売買業やサービス業などで用いられている。また、製造業では工業簿記、建設業では建設業簿記、銀行業では銀行簿記等が用いられている。一方、非企業簿記は、営利追求を目的としない官庁簿記、社団・財団などに用いられる非営利法人簿記などに細分化される。

また簿記の種類には、経済主体の活動を損失や利益の発生原因を記録せず、商品の増減や現金の収支といったおもに財産の変動記録のみの一側面から取引を捉えた単式簿記と、一定の記帳ルールに従って記録計算の検証を行いながら、企業活動の結果である経営成績と財政状態の正確な計算を可能にする、二側面から取引を捉えた複式簿記とがある。

3. 会計公準

企業活動の結果を示す経営成績や財政状態を明らかにするための記録・計算にあたり、企業会計がよりどころとする基礎的条件（会計公準）は、企業実体、会計期間、貨幣的測定の3つがある。

（1）企業実体の公準
企業会計を行う経済主体を限定するきわめて重要な公準である。すなわち、記録・計算の範囲は、企業所有者等の経済活動から生ずる財産や利益の増減をいうのではなく、個別企業の経済活動から生ずるものでなければならないとするものである。このことは、企業の経済活動を記録・計算する場所を限定しており、これが限定されてはじめて企業会計が成立することを意味している。

（2）会計期間の公準
企業会計を行う期間を限定する公準である。今日の企業では、その経済活動は永続することが前提とされている。このため、企業の経営成績や財政状態を利害関係者に明らかにするためには、ある一定の期間を区切ってこの永続的な

経済活動を計算し、報告することが必要である。この期間を通常、会計年度（事業年度）と呼ぶ。このように企業の経済活動を記録・計算する時間を限定することで、企業会計が成立することを意味している。

(3) 貨幣的測定の公準

　企業会計の経済活動は貨幣という共通の単位で測定されなければならないことを前提とした公準である。企業の保有するすべての資産・負債・資本（純資産）、経済活動から生ずる費用・収益は、共通した尺度の貨幣によって表現されなければ、その内容を限定することができないとしたものである。

4. 企業の経営活動と会計期間

　企業が調達した資本は、当初、現金の形態をとり、企業の目的である利益を獲得するために商品や、その販売のために必要な車両、設備等を購入し、あるいは従業員に給料を支払うというように様々な形に変えて投下されていく。購入した商品が、その後販売され、回収した現金は当初より増加しているのが通常である。この差額が利益であり、この一連の過程を資本の循環と呼ぶ。そして、簿記はこの企業の財産、資本の変動を計算対象としている。しかしながら、企業は継続して経済活動を行っているため、一定の期間に区切って記録計算を行わなければならない。この期間を会計期間（会計年度、事業年度ともいう）と呼び、期間の初めを期首、終わりを期末、期首と期末の間を期中と呼ぶ。会社法（会社計算規則第91条第2項）により、会計期間は1年を超えることができない（事業年度の末日を変更する場合を除く）ため、これを1年に定める企業が多い。

第2章 簿記の基本構造

1. 資産・負債・資本と貸借対照表

　貸借対照表（Balance Sheet ; B/S）は、企業の一定時点の財政状態を明らかにすることを目的に作成される計算書類である。簡単に述べれば、ある時点において企業が所有する現金、商品がいくらであるか、また借入金がいくらであるのか、そして、資本（純資産）がいくらであるのかを示している。簿記では、この貸借対照表を作成するにあたり、資産、負債、資本（純資産）の3要素を用いている。

(1) 資　産
　資産とは、企業の経営活動に役立つ有形・無形の財産や権利をいう。例えば、現金、貸付金、売掛金、車両運搬具、土地、建物などの有形の資産や特許権、のれん等の無形の資産も含まれる。

(2) 負　債
　負債とは、企業が将来、財貨ないし用役をもって支払わなければならない債務ないし義務である。例えば、買掛金、支払手形、借入金、未払金などがある。

(3) 資本（純資産）
　資本（純資産）とは、資産の総額から負債の総額を差し引いた残額（純資産）で求められる。資本は、企業の所有者が拠出した元本と、この元本を経営

活動に投下して得た利益とに大きく区分される。これを等式を用いれば、

資産総額－負債総額＝資本（純資産）総額……資本等式（capital equation）
と表すことができる。また、この等式の左辺にある負債総額を右辺に移項すれば、貸借対照表の形式を表す次のような等式が得られる。

資産総額＝負債総額＋資本（純資産）総額……貸借対照表等式（balance sheet equation）

ここで、簡単な〔設例〕を使用して貸借対照表の構造を確認してみることとする。

〔設例〕
平成20年1月1日に、商品売買業を開始した青山商店の資産・負債状況は次のとおりであった。これに基づき貸借対照表を作成する。
（平成20年度　期首）
現金 1,500,00 円　商品 500,000 円　建物 1,000,00 円　土地 2,000,000 円

貸借対照表

青山商店　　　　　　平成20年1月1日　　　　　（単位：円）

資　産	金　額	負債及び純資産	金　額
現　　金	1,500,000	資　本　金	5,000,000
商　　品	500,000		
建　　物	1,000,000		
土　　地	2,000,000		
	5,000,000		5,000,000

貸借対照表の中心線の左側に、資産の項目である現金、商品、建物、土地を記入し、右側には負債（設例では負債は0であるため記入がない）および資本（純資産）の項目である資本金を記入する。左右の金額は上記の資本等式（貸借対照表等式）が示すように必ず一致するため、資本金の額は〔5,000,000円（資産総額）－0円（負債総額）＝5,000,000円（資本総額）〕となる。

2. 財　産　法

　会計期間の期首と期末の時点における貸借対照表を比較し、その資本の増減部分を損益として把握する方法を財産法という。先の〔設例〕の青山商店が平成 20 年 12 月 31 日において、次のような資産・負債状況であった場合、その貸借対照表を作成すれば以下に示すとおりである。
（平成 20 年度　期末）
　現金 1,700,00 円　商品 800,000 円　建物 1,000,00 円　土地 2,000,000 円

貸　借　対　照　表

青山商店　　　　　　平成 20 年 12 月 31 日　　　　　（単位：円）

資　産	金　額	負債及び純資産	金　額
現　　　金	1,700,000	資　本　金	5,000,000
商　　　品	800,000	当 期 純 利 益	500,000
建　　　物	1,000,000		
土　　　地	2,000,000		
	5,500,000		5,500,000

　このように一年を経過した時点で、期首と期末の貸借対照表を比較すると、企業の経営活動の結果としての資産・負債の増減変化が判明する。この〔設例〕では、平成 20 年度における資本金（純資産）の増加額 500,000 円は、企業がその一年を通じて行った経営活動の結果、当初に拠出した元本 5,000,000 円を増加させたことにほかならない。当会計期間を通じて獲得した利益、すなわち、当期純利益として認識することができる。このとき、増加した部分の純利益は当期純利益と朱書きし、拠出した元本と区別して表示する。この財産法による純損益の算出方法を算式で示すと

期末資本（純資産）の額－期首資本（純資産）の額＝当期純利益（マイナスのときは当期純損失）

となる。

3. 費用・収益と損益計算書

損益計算書（Profit & Loss Statement; P/L）は、企業の一会計期間における経営成績を明らかにした計算書類である。企業の獲得した成果がいくらであるか、またその成果を獲得するためにどれだけの経済的価値が費やされたのかを示している。一表において示すため、収益と費用の2つの要素を用いている。

(1) 収 益
収益とは、企業の資本循環において獲得された経済的価値の増加分である。例えば、商品の売上や、銀行から受取る利息などがある。すなわち、収益は企業の経営活動に基づき資本の増加をもたらすものである。

(2) 費 用
費用とは、企業が収益を獲得するために消費する経済的価値の減少分である。例えば、販売された商品の原価、従業員に支払う給料、水道光熱費、減価償却費、借入金に対する支払利息などがある。すなわち、企業の経営活動に基づき資本の減少をもたらすものである。

ここで、簡単な〔設例〕を使用して損益計算書の構造を確認してみることとする。

〔設例〕
商品売買業を営む青山商店の平成20年度の会計期間における費用、収益の発生は次のとおりであった。これに基づき損益計算書を作成すれば以下のとおりである。

売 上 原 価	2,800,000 円	減価償却費	100,000 円
（当期に販売された商品原価）			
給　　　料	1,200,000 円	売 上 高	4,680,000円
水 道 光 熱 費	90,000 円	受 取 利 息	20,000 円
支 払 利 息	10,000 円		

損益計算書

青山商店　平成20年1月1日から平成20年12月31日まで　（単位：円）

費　用	金　額	収　益	金　額
売 上 原 価	2,800,000	売 上 高	4,680,000
給　　料	1,200,000	受取利息	20,000
水道光熱費	90,000		
支 払 利 息	10,000		
減価償却費	100,000		
当期純利益	500,000		
	4,700,000		4,700,000

　損益計算書の中心線から左側に費用の項目を記入し、右側には収益の項目をそれぞれ記入する。当期純利益の場合には左右の金額が一致するように費用項目の下に、当期純損失の場合には収益項目の下にその差額とともに朱書きする。
　このとき留意すべきことは、複式簿記の計算上、純損益は財産法あるいは以下に示す損益法のいずれを用いても、必ず一致することである。

4. 損　益　法

　ある会計期間に獲得した収益から費用を控除した余剰が、その会計期間における企業の純利益を意味する。また反対に、費用が収益を上回る場合には、純損失を意味することとなる。これが損益法による純損益の算出方法であり、等式を用いて示せば、
収益総額－費用総額＝当期純利益（マイナスのときは当期純損失） となる。
　このとき、左辺と右辺を次のように移項すれば、損益計算書の形式を表す次のような等式が得られる。
費用総額＋当期純利益＝収益総額……損益計算書等式（income statement equation）

【練習問題 2-1】

次の項目（勘定科目）を、資産、負債、資本（純資産）、費用、収益に分類しなさい。

(1) 現　　　金　(6) 貸　付　金　(11) 給　　　料　(16) 売　　　上
(2) 売　掛　金　(7) 借　入　金　(12) 受取手形　(17) 繰越商品
(3) 当座預金　(8) 資　本　金　(13) 未　収　金　(18) 交　通　費
(4) 受取利息　(9) 支払利息　(14) 有価証券　(19) 仕　　　入
(5) 広告宣伝費　(10) 買　掛　金　(15) 支払手形　(20) 備　　　品

【練習問題 2-2】

渋谷商店の平成20年12月31日における資産、負債、費用、収益に関する資料は次のとおりである。これに基づき当期純利益を計算し、貸借対照表と損益計算書を作成しなさい。

現　　　金	550,000円	貸　付　金	250,000円	建　　　物	1,500,000円
土　　　地	2,000,000円	借　入　金	200,000円	売　上　高	800,000円
受取利息	10,000円	売上原価	500,000円	給　　　料	100,000円
水道光熱費	60,000円	旅費交通費	30,000円	支払利息	20,000円

貸　借　対　照　表

渋谷商店　　　　　平成20年12月31日　　　　　（単位：円）

資　　産	金　　額	負債及び純資産	金　　額
		資　本　金	4,000,000
		当期純利益	

損益計算書

渋谷商店　平成20年1月1日から平成20年12月31日まで　（単位：円）

費用	金額	収益	金額
売上原価		売上高	
当期純利益			

【練習問題 2-3】

次の解答欄に適当な金額を記入しなさい。純損失のときは、マイナスを付すこと。

	期首 資産	期首 負債	期首 資本(純資産)	収益	費用	純損益	期末 資産	期末 負債	期末 資本(純資産)
A商店	500,000	100,000	ア	120,000	60,000	イ	ウ	80,000	460,000
B商店	150,000	エ	70,000	オ	20,000	カ	キ	60,000	100,000
C商店	300,000	ク	ケ	50,000	コ	−30,000	250,000	サ	70,000

ア： 400,000　　イ： 60,000　　ウ： 540,000

エ： 80,000　　オ： 50,000　　カ： 30,000　　キ： 160,000

ク： 200,000　　ケ： 100,000　　コ： 80,000　　サ： 180,000

第 3 章
取　　引

1. 簿記上の取引

　簿記上の取引とは、企業の経営活動によって資産・負債・資本（純資産）、および収益・費用の各構成項目に増減変動を生ずるものをいう。例えば、商品の現金売上や従業員の給料支払い等は、すべて簿記上の取引である。そしてこれは、一般的にいう取引でもある。しかしながら、簿記上の取引は常に取引の相手があることを意味するものではない。例えば、火災や盗難によって、建物が焼失したり商品が消失したりしたときは一般的には取引といわないが、簿記では、「建物」や「商品」という資産が減少しているために、取引として取り扱われる。また、土地、建物等の賃貸契約を結ぶ行為は、一般にこれを取引として取り扱うが、資産や負債の増減変動が生じないため、簿記では取引として取り扱わない。
　このように、簿記上の取引と一般の取引の概念は、共通する部分としない部分とにそれぞれ存在していることを理解する必要がある。

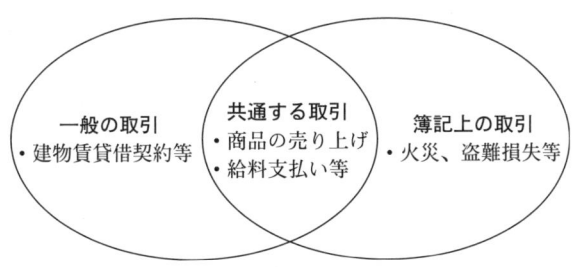

2. 取引の種類

1つの取引が生じた場合、先に述べたようにその取引は、資産・負債・資本（純資産）、および収益・費用のいずれかに分類される。取引がどの項目に増減変動をもたらすかについて、その性質から3つの分類が可能である。それぞれ、具体例を示して分析すれば以下のようになるであろう。

(1) 交換取引

交換取引とは、収益・費用の変化を生じない取引で、資産・負債・資本（純資産）相互間、あるいは資産、負債、資本（純資産）おのおのの相互間の交換によって生ずる増減取引である。

〔設例〕

① 1,000,000円の建物を現金で購入した。
　　　　　　　　→建物（資産）の増加：現金（資産）の減少
②銀行から現金500,000円を借り入れた。
　　　　　　　　→現金（資産）の増加：借入金（負債）の増加

(2) 損益取引

損益取引とは、収益・費用が発生する取引で、純損益に影響を与える取引である。

〔設例〕

③水道光熱費30,000円を現金で支払った。
　　　　　　　　→水道光熱費（費用）の発生：現金（資産）の減少
④貸付金の利息8,000円を現金で受け取った。
　　　　　　　　→現金（資産）の増加：受取利息（収益）の発生

(3) 混合取引

混合取引とは、交換取引と損益取引が1つの取引に同時に生ずる取引である。

〔設例〕

⑤借入金 100,000 円を利息 2,000 円とともに現金で返済した。
　　　→借入金（負債）の減少：現金（資産）の減少：支払利息（費用）の発生

⑥200,000 円で取得した売買目的の有価証券を 250,000 円で売却し、代金は現金で受け取った。
　　　→売買目的有価証券（資産）の減少：現金（資産）の増加：有価証券売却益（収益）の発生

3. 取引8要素の結合関係

上で述べたように、簿記上のすべての取引は、資産の増・減、負債の増・減、資本（純資産）の増・減、費用の発生、収益の発生の次にみられる図の8要素に整理することができる。左側または右側だけで結合して取引をなすことはあり得ない。例えば、先の交換取引の〔設例〕②における銀行から現金を借り入れた取引では、左側の現金（資産）の増加と右側の借入金（負債）の増加という要素で結合している。また、損益取引の〔設例〕④における貸付金の利息を現金で受け取った取引では、左側の現金（資産）の増加と右側の受取利息（収益）の発生がそれぞれ結合している。このように、線で結ばれない要素が結合する取引は存在しない。また、結合する取引要素の数は、左右必ず1つとは限らず、一方が1つでも他方が2つあるいはそれ以上という場合、両方が2つあるいはそれ以上という要素が結合する場合もある。例えば、先の混合取引の〔設例〕⑤における、借入金を利息とともに現金で返済したという取引では、左側は借入金（負債）の減少と支払利息（費用）の発生という2つの要素と、右側は現金（資産）の減少という1つの要素が結合する。

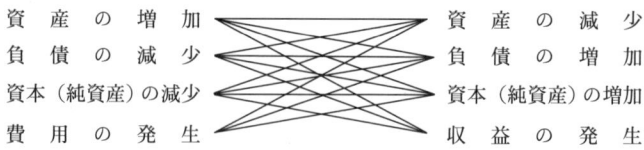

【練習問題 3-1】

次の取引のうち、簿記上の取引となるものに○を付しなさい。

1	資金が不足したので銀行から 1,000,000 円を借り入れた。	
2	商品 500,000 円が盗難にあった。	
3	現金 80,000 円を銀行預金に預け入れた。	
4	商品 200,000 円を販売した。	
5	本社建物を 10,000,000 円で購入する契約を締結した。	

【練習問題 3-2】

次の取引は、交換取引、損益取引、混合取引のいずれに分類されるか解答しなさい。

解答例	現金 80,000 円を銀行預金に預け入れた。	現金（資産）の減少 預金（資産）の増加	交換取引
1	資金が不足したので銀行から現金 1,000,000 円を借り入れた。		
2	従業員に給料 300,000 円を現金で支払った。		
3	2,000,000 円で購入した土地を 2,500,000 円で売却し，代金は現金で受け取った。		
4	営業用車両 300,000 円を現金で購入した。		

第4章
勘定と仕訳

1. 勘　　定

　簿記では、1つの取引を5つの要素に分解し、それぞれの要素の増加、減少、発生、消滅を記録・計算するにあたり、勘定と呼ばれるものを使用して記入する。

　この勘定に付されるそれぞれの名称を勘定科目といい、資産・負債・資本（純資産）、費用・収益をさらに細分化した名称を使用する。例えば、資産であれば「現金」、「当座預金」、負債であれば「借入金」、「買掛金」というように一般に認識されるところの単純かつ明瞭な名称が用いられる。すべての取引を勘定に記入すれば、一目で各勘定口座の増減や残高が判明する。

　勘定には後に述べる標準式や残高式の様々な形式があるが、学習上の最も簡単な勘定の形式は以下に示すようなT勘定（Tフォームとも呼ぶ）である。この勘定の左側を借方、右側を貸方、そして、この記入場所を勘定口座と呼ぶ。

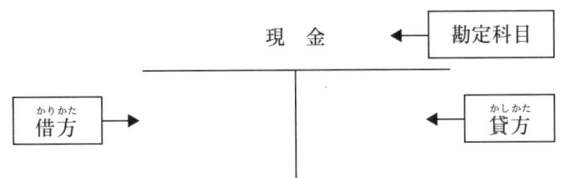

2. 勘定への記入

各勘定口座へ記入することは、資産・負債・資本（純資産）の増加と減少、費用・収益の発生と消滅を借方と貸方に一定のルールに従って記入することにほかならない。この一定のルールに従って最終的に作成された貸借対照表や損益計算書の記載形式を再度確認してみれば、貸借対照表の借方には資産が、貸方には負債及び資本（純資産）が記載されている。また、損益計算書の借方には費用が、貸方には収益が記載されている。すなわち、勘定記入のルールは、資産及び費用については、貸借対照表や損益計算書の記載箇所である借方に増加ないし発生（＋）を、これとは反対の貸方に減少ないし消滅（－）を記録する。また、負債、資本（純資産）及び収益については、貸借対照表や損益計算書の記載箇所である貸方に増加ないし発生（＋）を、これとは反対に借方に減少ないし消滅（－）を記録する。よって、各勘定科目への記入ルールを、Ｔ勘定を用いて示せば下記のようになる。

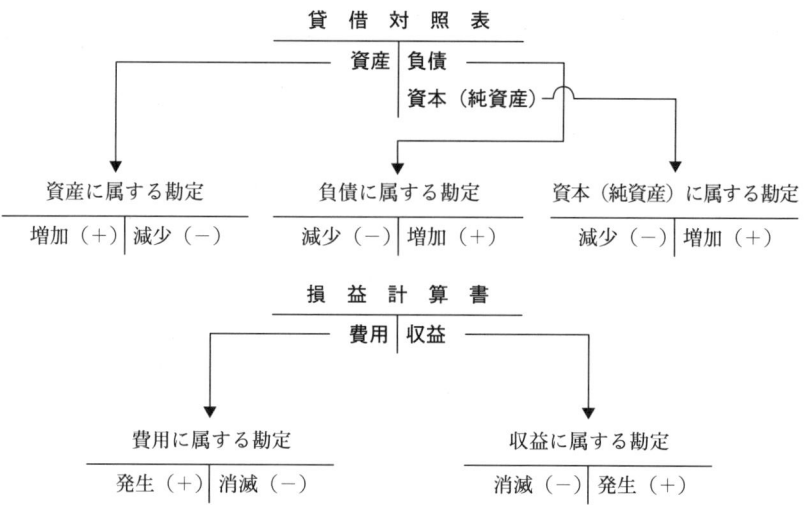

3. 仕　訳

　前述した一定のルールに従って簿記上の取引を、各勘定口座の借方や貸方に、直接記入しようとすると記入漏れや金額等の間違いが生じやすい。そこで、取引が生じた場合に、各勘定口座に記入する前にあらかじめ①勘定科目を決定し、②借方要素と貸方要素に分解し、③金額をいくらに決定するかの予備的な記録である仕訳と呼ぶ作業を行う。その仕訳を記入するための帳簿を仕訳帳といい、記入された仕訳帳から勘定に記入することを転記という。

〔設例〕
　次の取引を仕訳しなさい。
5月15日：銀行から現金1,000,000円を借り入れた。
　①勘定科目の決定：現金（資産）と借入金（負債）
　②借方要素：現金（資産）の増加
　　貸方要素：借入金（負債）の増加
　③金額の決定：1,000,000円
　　仕訳　⇒　（借）現　　　金　1,000,000　（貸）借　入　金　1,000,000

5月16日：水道光熱費50,000円を現金で支払った。
　①勘定科目の決定：水道光熱費（費用）と現金（資産）
　②借方要素：水道光熱費（費用）の発生
　　貸方要素：現金（資産）の減少
　③金額の決定：50,000円
　　仕訳　⇒　（借）水道光熱費　　50,000　（貸）現　　　金　50,000

5月18日：銀行預金の利息5,000円を現金で受け取った。
　①勘定科目の決定：現金（資産）と受取利息（収益）
　②借方要素：現金（資産）の増加

貸方要素：受取利息（収益）の発生
③金額の決定：5,000 円
　　仕訳 ⇒ （借）現　　金　5,000　　　　（貸）受取利息　　　5,000

4. 転　　記

　取引に基づいて仕訳を行い、それぞれの勘定口座の借方あるいは貸方に記入することを、転記という。そして、転記する勘定口座を集合した帳簿を総勘定元帳（単に元帳とも呼ぶ）という。上記の〔設例〕を使用して、各勘定口座への転記を示せば以下のようになる。

　5/15　（借）現　　金　1,000,000　　　　（貸）借 入 金　1,000,000

(1)　借方側に仕訳した現金 1,000,000 円を現金勘定に転記する。まず、現金勘定の借方に日付、少々の余白を設けて金額を記入する。

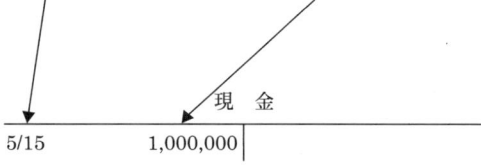

(2)　設けた余白部分には、5 月 15 日の取引の相手勘定、つまり貸方勘定科目を記入する。この〔設例〕の場合、借入金と記入すればよい。

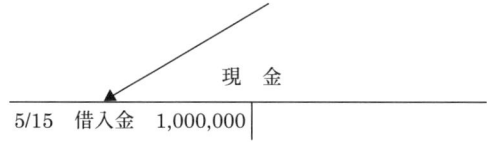

(3) 次に5月15日の貸方側にある借入金 1,000,000 円を転記する。借入金勘定の貸方に、(1)と同じ要領で、まず、日付、金額、そして取引の相手勘定である借方勘定科目の現金を記入する。

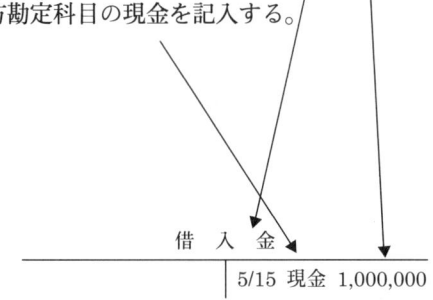

同様の手順で5月16日、18日の仕訳を転記した後の各勘定を示せば次のとおりとなる。

5/16 （借）水道光熱費　50,000　　　（貸）現　　金　50,000
/18　（借）現　　金　5,000　　　（貸）受取利息　5,000

現　金	
5/15 借 入 金 1,000,000	5/16 水道光熱費 50,000
/18 受取利息 5,000	

借　入　金	
	5/15 現　金 1,000,000

水道光熱費	
5/16 現　金　50,000	

受 取 利 息	
	5/18 現　金　5,000

【研究1】借方の勘定科目が1つで、貸方の勘定科目が複数あるときの転記
5月26日：備品 300,000 円を購入し、代金は現金で 200,000 円を支払い、残額は来月支払うこととした。
　①勘定科目の決定：備品（資産）と現金（資産）と未払金（負債）
　②借方要素：備品（資産）の増加
　　貸方要素：現金（資産）の減少、未払金（負債）の増加
　③金額の決定：備品 300,000 円、現金 200,000 円、未払金 100,000 円

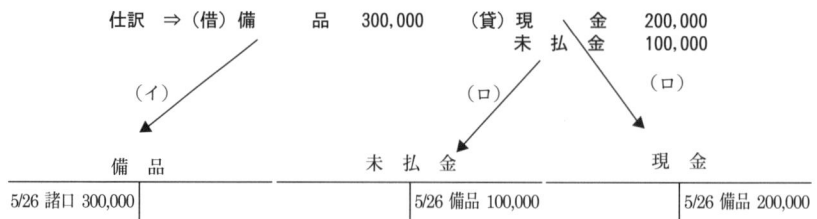

（イ）　備品勘定の借方に日付、余白を設けて金額を記入し、余白部分に相手勘定が複数あることを示す「諸口」を記入する。

（ロ）　現金、未払金勘定についてそれぞれ転記を行う。

【研究2】借方の勘定科目が複数あり、貸方の勘定科目が1つの場合

5月28日：2,000,000円で購入した土地を1,800,000円で売却し、代金は現金で受け取った。

①勘定科目の決定：土地（資産）と現金（資産）と土地売却損（費用）

②借方要素：現金（資産）の増加、土地売却損（費用）の発生

　貸方要素：土地（資産）の減少

③金額の決定：土地2,000,000円、現金1,800,000円、

　　　　　　　土地売却損（1,800,000円－2,000,000円＝△200,000円）

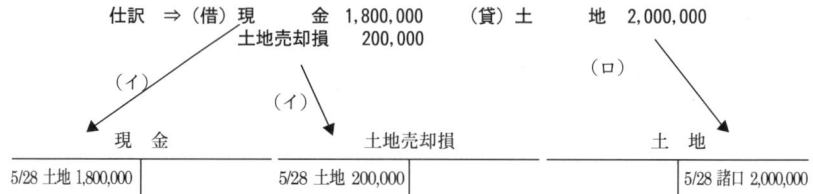

（イ）　現金勘定、土地売却損勘定について、それぞれ転記を行う。

（ロ）　土地勘定の貸方に日付、金額を記入し、相手勘定が複数あることを示す「諸口」を記入する。

【研究3】借方、貸方ともに複数の勘定科目がある場合
5月30日：120,000円で取得した備品を150,000円で売却し、100,000円は現金で受け取り、残額は来月受け取ることとした。
　①勘定科目の決定：備品（資産）と現金（資産）と未収金（資産）と備品売却益（収益）
　②借方要素：現金（資産）の増加、未収金（資産）の増加
　　貸方要素：備品（資産）の減少、備品売却益（収益）の発生
　③金額の決定：現金100,000円、未収金50,000円、備品120,000円、備品売却益（150,000円－120,000円＝30,000円）

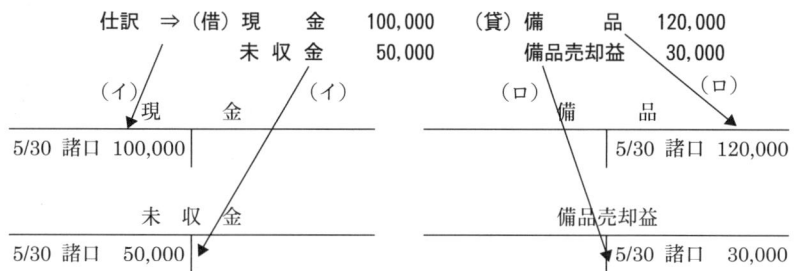

（イ）　現金勘定、未収金勘定の借方へ日付、金額、そして相手勘定が複数あることを示す「諸口」を記入する。
（ロ）　同様に備品勘定、備品売却益勘定の貸方へ日付、金額そして相手勘定が複数あることを示す「諸口」を記入する。
　一連の【研究】でみるように、転記を行う際の相手勘定科目の記入にあたって、複数の勘定科目が存在するときは、「諸口」を使用する。

5. 帳　　簿

　企業は、その規模、事業内容によって様々に異なる種類の帳簿を採用するが、複式簿記の実行の手段となる帳簿は、大きく主要簿と補助簿に区分することができる。
　主要簿は、すべての取引を網羅した記録、計算の基礎となる帳簿であり、すでに述べた仕訳を行う「仕訳帳」、その仕訳を転記する勘定口座を集合した「元帳」がある。この勘定口座は、企業のすべての勘定を網羅して設けているため、「総勘定元帳」とも呼ばれる。
　一方、補助簿は、使用しなくとも記録、計算に何ら支障をきたすものではなく、主要簿の記録、計算を補足し、検証するための役割を果たすものである。補助簿は、さらに補助元帳と補助記入帳とに区分され、補助元帳には、「得意先元帳」、「商品有高帳」、「仕入先元帳」といった元帳の内訳明細を示すために設けられる帳簿がある。補助記入帳には、「現金出納帳」、「仕入帳」、「売上帳」といった取引の内訳明細を示すために設けられる帳簿がある。以下に帳簿組織の体系を示した。例えば、掛けで商品を売り上げた取引が発生すると、仕訳帳から総勘定元帳に転記されるのはもちろんのこと、得意先元帳、商品有高帳、売上帳に転記される。

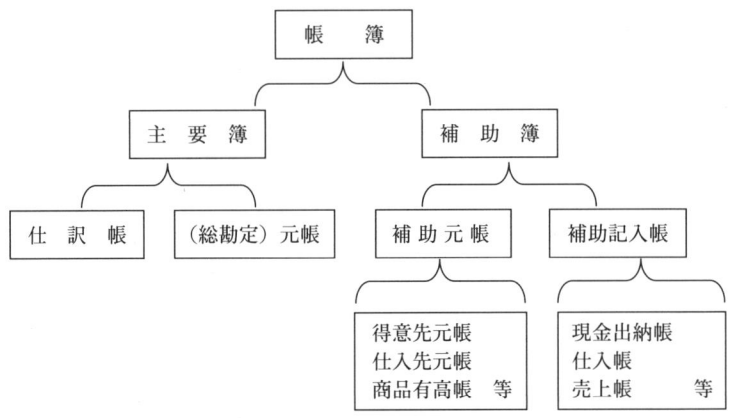

（1） 仕訳帳

仕訳を取引の発生順に記入する帳簿を仕訳帳といい、以下に示す手順で行われる。

仕 訳 帳　　　　　1ページ

平成○年		摘　　　要	元丁	借　方	貸　方
5	15	（現　　金）		1,000,000	
		（借入金）			1,000,000
		東西銀行より借入れ			
	16	（水道光熱費）		50,000	
		（現　　金）			50,000
		水道料金支払い			
	18	（現　　金）		5,000	
		（受取利息）			5,000
		普通預金利息の受取り			

① 日付欄には取引の発生した日付を記入する。
② 摘要欄の左半分に借方勘定科目を、右半分に貸方科目をそれぞれ1行ずつ使用し、これにあわせて金額も1行ずつ使用して記入する。勘定科目は（　）書きにし、通常、借方科目の記入から行う。
③ 摘要欄の仕訳の次に、その取引の詳細が明らかになるように「小書き」を記入する。
④ 1つの取引の記入が終了したら、摘要欄いっぱいに境界線を引く。

【研究1】借方の勘定科目が1つで、貸方の勘定科目が複数あるときの仕訳帳の記入は、摘要欄に借方の勘定科目の（備品）、金額を300,000円記入することは、先と同様であるが、貸方科目が複数あることを示すために、諸口と記入する。続いて、貸方科目を1行ずつ使用し、金額とともに記入する。

仕 訳 帳　　　　　　1ページ

平成○年		摘　要	元丁	借　方	貸　方
8	8	（備　品）　諸　口		300,000	
		（現　金）			200,000
		（未払金）			100,000
		備品 購入			

【研究2】次のように借方の勘定科目が複数あり、貸方の勘定科目が1つの場合には、貸方から先に記入し、借方の勘定科目が複数あることを示す諸口を書き入れる。

仕 訳 帳　　　　　　1ページ

平成○年		摘　要	元丁	借　方	貸　方
8	10	諸　口　（土　地）			2,000,000
		（現　金）		1,800,000	
		（土地売却損）		200,000	
		土地 売却			

【研究3】次のように借方、貸方ともに複数の勘定科目がある場合には、借方から先に記入を行う。相手勘定が複数あることを示す諸口は、それぞれに記入する。なお、諸口の記入場所はA、Bのいずれも採用できる。

研究3A　　　　　　　　　仕　訳　帳　　　　　　　　　1ページ

平成○年		摘　　要	元丁	借　方	貸　方
8	18	諸　　口			
		（現　　金）		100,000	
		（未収金）諸　口		50,000	
		（備　　品）			120,000
		（備品売却益）			30,000
		備品　売却			

研究3B　　　　　　　　　仕　訳　帳　　　　　　　　　1ページ

平成○年		摘　　要	元丁	借　方	貸　方
8	18	諸　　口　諸　　口			
		（現　　金）		100,000	
		（未収金）		50,000	
		（備　　品）			120,000
		（備品売却益）			30,000
		備品　売却			

（2）勘定の形式

仕訳帳から転記される各勘定には、先に使用した学習上の最も簡単な形式のT勘定のほか、以下のような形式がある。それぞれの形式と転記の手順を示せば以下のとおりである。

　①標準式：上記に示したT勘定は、この標準式の勘定口座を簡略化したものである。

現　金

平成○年	摘要	仕丁	借方	平成○年	摘要	仕丁	貸方

②残高式

現　金

平成○年	摘要	仕丁	借方	貸方	借/貸	残高

仕　訳　帳　　　　　　　　　　1ページ

平成○年	摘要	元丁	借方	貸方
5　15	（現　金）　　（ニ）	1	1,000,000	
	（借入金）	6		1,000,000
	東西銀行より借入れ			
16	（水道光熱費）		50,000	
	（現　金）			50,000
	水道料金支払い			
18	（現　金）		5,000	
	（受取利息）			5,000
	南北銀行普通預金利息の受取り			

(イ)、(ロ) 　　　　現　金　　　　(ハ)、(ニ)　　1

平成○年	摘要	仕丁	借方	平成○年	摘要	仕丁	貸方
5　15	借入金	1	1,000,000				

借　入　金　　　　　　　　6

平成○年	摘要	仕丁	借方	平成○年	摘要	仕丁	貸方
				5　15	現　金	1	1,000,000

(イ) 5月15日の取引の借方から転記を行う。まず、現金勘定の中央より左側の日付欄に5月15日を、借方欄に金額1,000,000円、摘要には相手勘定の借入金をそれぞれ記入する。
(ロ) 現金勘定の仕丁欄には、仕訳帳の右上にあるページ番号の1を、仕訳帳の元丁欄には、現金勘定の右上にある口座番号の1をそれぞれ記入し、記帳が終了した旨の印を付す。
(ハ) 次に5月15日の貸方側、借入金の転記を同様に行う。借入金勘定の中央より右側の日付欄、貸方欄に金額、摘要には相手勘定の現金をそれぞれ記入する。
(ニ) 仕訳帳からの記入が終了した印の1を仕丁欄に、6を元丁欄に付す。

以下、同様の手順によって記帳が終了した仕訳帳と勘定を示せば以下のとおりである。

仕 訳 帳　　　　　　　1ページ

平成○年		摘　　要	元丁	借　方	貸　方
5	15	（現　　金）	1	1,000,000	
		（借 入 金）	6		1,000,000
		東西銀行より借入れ			
	16	（水道光熱費）	11	50,000	
		（現　　金）	1		50,000
		水道料金支払い			
	18	（現　　金）	1	5,000	
		（受 取 利 息）	20		5,000
		南北銀行普通預金利息の受取り			

現　金　　　　　　　　　　　　　　　1

平成○年		摘要	仕丁	借方	平成○年		摘要	仕丁	貸方
5	15	借入金	1	1,000,000	5	16	水道光熱費	1	50,000
	18	受取利息	1	5,000					

借　入　金　　　　　　　　　　　　　6

平成○年		摘要	仕丁	借方	平成○年		摘要	仕丁	貸方
					5	15	現金	1	1,000,000

水道光熱費　　　　　　　　　　　　11

平成○年		摘要	仕丁	借方	平成○年		摘要	仕丁	貸方
5	16	現金	1	50,000					

受取利息　　　　　　　　　　　　　20

平成○年		摘要	仕丁	借方	平成○年		摘要	仕丁	貸方
					5	18	現金	1	5,000

6. 貸借平均の原理

　これまでみてきたように、仕訳によって分解された取引が、借方・貸方に分けられ、その該当する項目が1つずつあるいは複数であったとしても、ある取引にかかる借方側の金額の合計と貸方側の金額の合計は、必ず一致する。これは、複式簿記の最大の特徴である貸借平均の原理である。このことは、それぞれの仕訳について、その結果を正確に各勘定口座に転記すれば、各勘定の借方合計の金額と貸方合計の金額も当然に一致することを意味している。

　このように、貸借平均の原理は、複式簿記の記録、計算に検証性を与える最大の特徴である。

7. 簿記一巡の手続き

　複式簿記では、資産、負債、資本（純資産）、収益、費用に増減変化をもたらす取引が発生した場合、これを一定のルールに従って仕訳し、各勘定へ転記し、会計期間末に必要な修正記入を行い、その結果を基礎に、貸借対照表およ

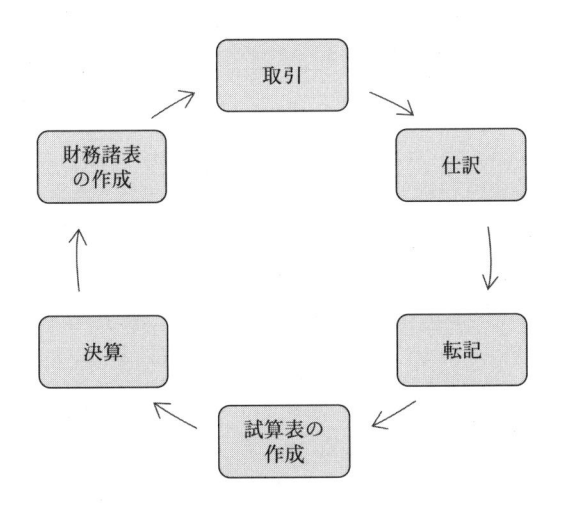

び損益計算書等の財務諸表を作成する。企業は、これらの一連の手続きを会計期間ごとに繰り返して行うのである。複式簿記の一巡の手続きの基本構造を示すと前ページ図のようになる。

【練習問題 4-1】

次の取引を仕訳し、各勘定に転記しなさい。

4/10　銀行から現金 2,000,000 円を借り入れた。

/12　現金 1,000,000 円を当座預金に預け入れた。

/15　土地を買い入れ、その代金 1,000,000 円は現金で支払った。

/18　買い入れた土地に本社家屋を建築し、その代金 500,000 円は現金で支払った。

/24　先に銀行から借入れた 2,000,000 円を返済するにあたり、その利息 20,000 円とともに現金で支払った。

/25　給料 80,000 円を現金で支払った。

	借方科目	金　額	貸方科目	金　額
4/10				
/12				
/15				
/18				
/24				
/25				

現　　金		当 座 預 金

建　　物		土　　地

借　入　金		給　　料

支 払 利 息

第5章
試算表

1. 試算表の意義

　前章までみてきたように取引を借方と貸方に分解して仕訳を行い、これを勘定に転記した結果、各勘定の増減変動、残高を知ることは、複式簿記の取引の二面性を利用したものであった。ある勘定の借方に記入された金額は、必ずほかの勘定の貸方に記入されるため、すべての勘定の借方合計金額と貸方合計金額は一致する。当然、借方残高と貸方残高の合計金額も一致する。すでに説明したようにこれを貸借平均の原理という。

　そこで、転記の過程に間違いがないかどうかを確認するために、また、企業の活動概要を知るためにも試算表の作成を行う。試算表には、以下の種類がある。

(1) 合計試算表：総勘定元帳の各勘定の借方合計と貸方合計を集合して、一表にまとめた試算表である。
(2) 残高試算表：総勘定元帳の各勘定の借方合計金額と貸方合計金額の差引残高を集合して、一表にまとめた試算表である。
(3) 合計残高試算表：(1)と(2)を合わせて一表にまとめた試算表である。

　いずれの試算表で作成しても、借方合計金額と貸方合計金額が一致しなければ、転記の際に誤謬のあることが判明する。そのため企業は、このような試算表を、毎日（日計表）、毎週（週計表）、毎月（月計表）というように必要に応じて作成し、誤謬の早期の発見に心がける必要がある。しかしながら、試算表

の貸借が一致したからといって、完全に転記に誤謬がないと断定することはできない。例えば、取引そのものを勘定に転記し忘れてしまった場合や、貸借逆に転記を行ってしまった場合などは、試算表の貸借合計は一致してしまう点に留意することが必要である。

(1) **合計試算表**

借方	勘定科目	貸方
500	現　　金	100
	売 掛 金	
	貸 付 金	

(2) **残高試算表**

借方	勘定科目	貸方
400	現　　金	
	売 掛 金	
	貸 付 金	

(3) **合計残高試算表**

借方		勘定科目	貸方	
残高	合計		合計	残高
100	500	現　　金	400	
		売 掛 金		
		貸 付 金		

2. 試算表の作成

以下の総勘定元帳の各勘定に基づき、(1)合計試算表 (2)残高試算表 (3)合計残高試算表のそれぞれの作成手順を示せば次のとおりである。

```
           現      金                              借 入 金
1/ 1 資本金 500,000 | 1/15 仕入   30,000    1/27 現金 10,000 | 1/10 現金 100,000
 /10 借入金 100,000 | /25 給料   20,000
 /20 売  上  50,000 | /27 諸口   11,000

           資 本 金                                 売      上
                   | 1/ 1 現金 500,000                       | 1/20 現金 50,000

           仕      入                                給      料
1/15 現 金  30,000 |                       1/25 給料 20,000 |

           支払利息
1/27 諸 口   1,000 |
```

(1) 合計試算表

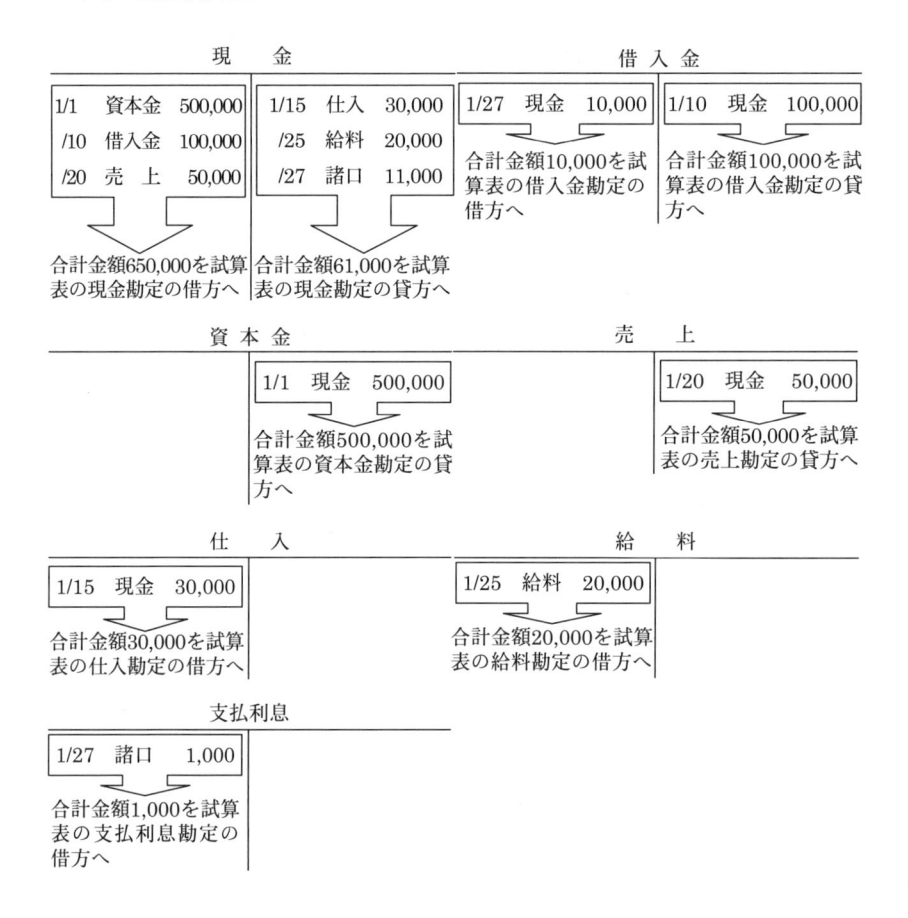

現　金
1/1	資本金	500,000
/10	借入金	100,000
/20	売上	50,000

合計金額650,000を試算表の現金勘定の借方へ

1/15	仕入	30,000
/25	給料	20,000
/27	諸口	11,000

合計金額61,000を試算表の現金勘定の貸方へ

借入金
1/27	現金	10,000

合計金額10,000を試算表の借入金勘定の借方へ

1/10	現金	100,000

合計金額100,000を試算表の借入金勘定の貸方へ

資本金
1/1	現金	500,000

合計金額500,000を試算表の資本金勘定の貸方へ

売上
1/20	現金	50,000

合計金額50,000を試算表の売上勘定の貸方へ

仕入
1/15	現金	30,000

合計金額30,000を試算表の仕入勘定の借方へ

給料
1/25	給料	20,000

合計金額20,000を試算表の給料勘定の借方へ

支払利息
1/27	諸口	1,000

合計金額1,000を試算表の支払利息勘定の借方へ

合　計　試　算　表
平成2○年1月31日

借　　方	勘定科目	貸　　方
650,000	現　　金	61,00
10,000	借　入　金	100,000
	資　本　金	500,000
	売　　上	50,000
30,000	仕　　入	
20,000	給　　料	
1,000	支払利息	
711,000		711,000

（2） 残高試算表

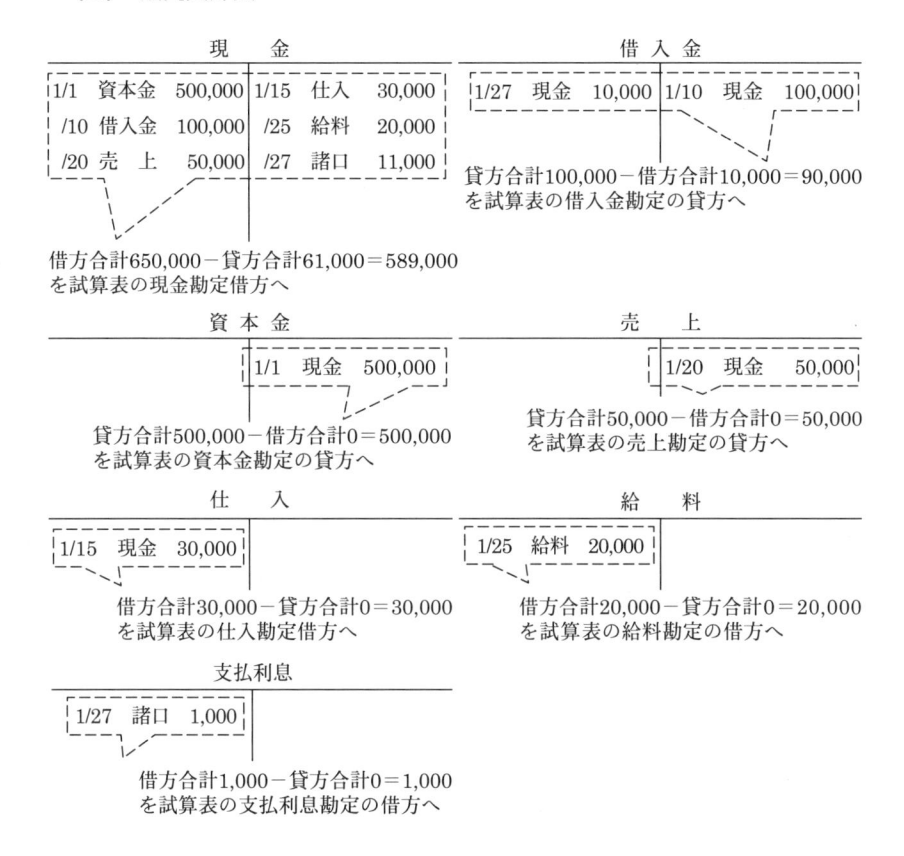

```
         現　金                              借入金
1/1  資本金 500,000 | 1/15 仕入   30,000    1/27 現金 10,000 | 1/10 現金 100,000
 /10 借入金 100,000 | /25  給料   20,000
 /20 売　上  50,000 | /27  諸口   11,000
```

貸方合計100,000 − 借方合計10,000 = 90,000
を試算表の借入金勘定の貸方へ

借方合計650,000 − 貸方合計61,000 = 589,000
を試算表の現金勘定借方へ

```
         資本金                              売　上
                1/1 現金 500,000                    1/20 現金 50,000
```

貸方合計500,000 − 借方合計0 = 500,000
を試算表の資本金勘定の貸方へ

貸方合計50,000 − 借方合計0 = 50,000
を試算表の売上勘定の貸方へ

```
         仕　入                              給　料
1/15 現金 30,000                   1/25 給料 20,000
```

借方合計30,000 − 貸方合計0 = 30,000
を試算表の仕入勘定借方へ

借方合計20,000 − 貸方合計0 = 20,000
を試算表の給料勘定の借方へ

```
         支払利息
1/27 諸口 1,000
```

借方合計1,000 − 貸方合計0 = 1,000
を試算表の支払利息勘定の借方へ

残　高　試　算　表
平成2〇年1月31日

借　　方	勘定科目	貸　　方
589,000	現　金	
	借入金	90,000
	資本金	500,000
	売　上	50,000
30,000	仕　入	
20,000	給　料	
1,000	支払利息	
640,000		640,000

(3) 合計残高試算表

合 計 残 高 試 算 表
平成2○年1月31日

借 方		勘定科目	貸 方	
残 高	合 計		合 計	残 高
589,000	650,000	現　　金	61,000	
	10,000	借 入 金	100,000	90,000
		資 本 金	500,000	500,000
		売　　上	50,000	50,000
30,000	30,000	仕　　入		
20,000	20,000	給　　料		
1,000	1,000	支払利息		
640,000	711,000		711,000	640,000

【練習問題 5-1】

次の資料に基づき、合計残高試算表を作成しなさい。

```
          現        金
4/1  資 本 金 3,000,000  4/6  仕   入 300,000
 /5  借 入 金   500,000  /10  仕   入 200,000
 /7  売     上   500,000  /18  仕   入 100,000
/15  売     上   300,000  /25  消耗品費   7,500
/20  受取手数料   1,500  /28  支払利息   1,000
/23  売     上   150,000  /30  支払家賃  50,000

          借 入 金
                        4/5  現   金 500,000

          売        上
                        4/7  現   金 500,000
                        /15  現   金 300,000
                        /23  現   金 150,000

          仕        入
4/6  現   金 300,000
/10  現   金 200,000
/18  現   金 100,000
```

```
          土        地
4/1  資本金 2,000,000

          資 本 金
                        4/1  諸   口 5,000,000

          受取手数料
                        4/20  現   金   1,500

          支払家賃
4/30  現   金  50,000
```

消耗品費
4/25 現 金 7,500

支払利息
4/28 現 金 1,000

合 計 残 高 試 算 表

平成2○年4月30日

借 方		勘定科目	貸 方	
残 高	合 計		合 計	残 高
		現　　金		
		土　　地		
		借 入 金		
		資 本 金		
		売　　上		
		受取手数料		
		仕　　入		
		支払家賃		
		消耗品費		
		支払利息		

第6章
商品売買取引

1. 商品売買の処理

　商品売買業の企業活動の中心は、商品を仕入れ、これに販売利潤を加えた売価で販売するといった一連の取引である。この商品売買取引を通じて生じた売上収益や売上原価を処理する代表的な方法には、（1）分記法（2）三分法がある。

（1）　分記法
　分記法とは、商品勘定と商品売買益勘定に分けて、販売のつど商品売買にかかる収益を認識する方法である。この方法によれば、商品勘定の借方には商品の仕入原価が、貸方には販売した商品の原価、すなわち売上原価が、そして、借方合計金額と貸方合計金額の差引残高は手許商品の原価を示している。また、販売した商品の売価から売上原価を差し引けば、商品売買益が把握される。分記法は、このような明瞭な取引処理を可能にする。その一方で、この分記法を使用する前提は、商品売買の際に、その販売する商品原価が明らかでなければならないことである。
　しかしながら、一般に多品種の商品を仕入れ販売する今日の企業にとって、販売のつど、その原価を確認しなければならないことは、かなりの煩雑さを伴うものである。そのため、この方法は貴金属販売や書画、骨董品販売など、高額な商品を少品種取り扱う企業の処理に適しているといえる。

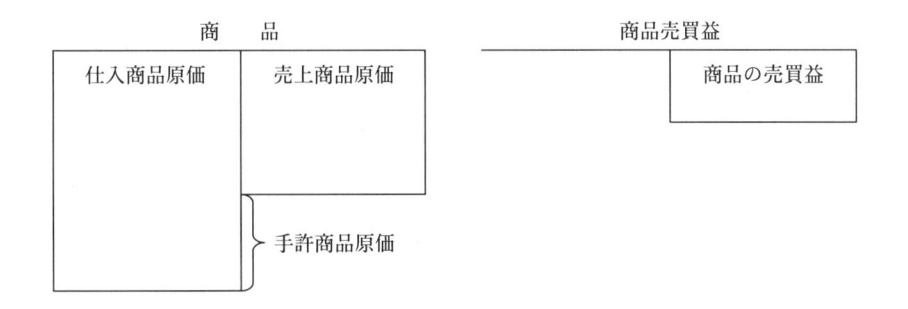

```
         商        品                          商品売買益
┌─────────────┬─────────────┐              ┌─────────────┐
│ 仕入商品原価 │ 売上商品原価 │              │  商品の売買益 │
│             │             │              └─────────────┘
│             ├─────────────┤
│             │             │
│             │ ─手許商品原価
│             │
└─────────────┘
```

〔設例〕
① 東京商店は、北海道商店より商品150,000円（30個 @5,000円）を仕入れ、代金は現金で支払った。
　　（借）商　　　品　　150,000　　　（貸）現　　　金　　150,000
② 東京商店は、上記①の商品を200,000円（25個 @8,000円）で、鹿児島商店に販売し、代金は現金で受け取った。
　　（借）現　　　金　　200,000　　　（貸）商　　　品[※1]　125,000
　　　　　　　　　　　　　　　　　　　　　　商品売買益[※2]　 75,000

[※1] 25個×@5,000円＝125,000円
[※2] 200,000円－125,000円＝75,000円

商　　品		商品売買益	
①現金　150,000	②現金　125,000		②現金　75,000

商品勘定の借方150,000円から貸方125,000円を差し引いた残高25,000円は手元商品原価を示している。

(2) 三分法

販売のつど原価を確認せねばならないといった分記法の煩雑さを避けるために、一般的に用いられる方法が三分法である。この方法は、繰越商品勘定（資産）、仕入勘定（費用）、売上勘定（収益）の3つの勘定を用いて、期中の

仕入れや売り上げをそれぞれ仕入勘定、売上勘定で処理しておく。つまり、商品を仕入れたときは、商品（資産）の増加として記入せずに、仕入勘定を使用して費用の発生として記入する。また、商品を売り上げたときは、商品（資産）の減少として記入せず、売上勘定を使用して収益の発生として記入する。その後、期末決算にあたり、前期末に売れ残った商品原価に当期に仕入れた商品原価を加算し、そこから当期末に売れ残った商品原価を差し引くことで、売上原価を把握する。売上げた商品の売価合計額からこの売上原価を控除することで商品売買にかかる収益を認識する方法である。なお、ここでは期中における商品の仕入と販売についての取引処理を示し、決算についての処理は第13章　決算（Ⅰ）において述べる。

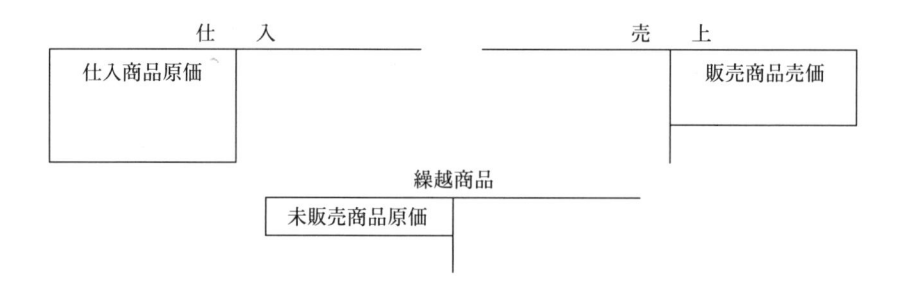

```
          仕　　入                          売　　上
┌─────────────────┐              ┌─────────────────┐
│ 仕入商品原価    │              │        │ 販売商品売価 │
│                 │              │        └─────────────┘
└─────────────────┘              │
                       繰越商品   │
              ┌─────────────────┐
              │ 未販売商品原価  │
              └─────────────────┘
```

〔設例〕
① 東京商店は、恵比寿商店より商品 150,000 円（30 個　@5,000 円）を仕入れ、代金は現金で支払った。

（借）仕　　　入　　150,000　　　（貸）現　　　金　　150,000

② 東京商店は、上記①の商品を 200,000 円（25 個　@8,000 円）で、新橋商店に販売し、代金は現金で受け取った。

（借）現　　　金　　200,000　　　（貸）売　　　上　　200,000

```
          仕　　入                          売　　上
─────────────────────              ─────────────────────
①現金　150,000                                    ②現金　200,000
```

2. 掛 取 引

（1） 売掛金と買掛金

　通常の商品売買取引では上記に示す現金取引のほか、日常的に行われるのが信用取引である。信用取引とは、先に商品の授受が行われ、将来の一定期日に代金の受け取りや支払いがなされる取引で、取引先との信用の供与を前提に行われている。この信用取引には様々な形態があるが、ここで取り上げる掛取引とは、証書等の交付を行わずに売主が商品を引き渡し、相手側から代金の支払いを後日受ける約束で、請求権を示す債権が生ずる取引である。また、反対に、買主が商品を購入し、後日代金の支払いを行う約束で、支払義務を示す債務が生ずる取引である。このように、売掛金、買掛金とも主たる営業活動から生ずる債権、債務である。

　例をあげれば、商品を掛けで売り上げたときは、借方に債権である売掛金が増加し、商品を掛けで仕入れたときは、貸方に債務である買掛金が増加する仕訳を行えばよい。その後、売掛金を回収したときは、債権が消滅したとして売掛金の貸方に、また買掛金を支払ったときは、債務が消滅したとして買掛金の借方にそれぞれ記入する仕訳処理を行う。総勘定元帳へ転記した後の残高は、得意先に請求すべき売掛金と仕入先に支払うべき買掛金の現在高を示している。

〔設例〕
① 東京商店は、恵比寿商店より商品150,000円を仕入れ、代金は掛けとした。
　（借）仕　　　入　　150,000　　（貸）買　掛　金　　150,000
② 東京商店は、上記①の商品を 200,000 円で新橋商店に販売し、代金は掛けとした。
　（借）売　掛　金　　200,000　　（貸）売　　　上　　200,000
③ 東京商店は、仕入先恵比寿商店に買掛金 100,000 円を現金で支払った。
　（借）買　掛　金　　100,000　　（貸）現　　　金　　100,000

④　東京商店は、得意先新橋商店から売掛金 120,000 円を現金で回収した。

　　（借）現　　　　金　　120,000　　　　（貸）売　掛　金　　120,000

```
         売　掛　金                         買　掛　金
②売　上  200,000 │④現　金  120,000   ③現　金  100,000 │①仕　入  150,000

         仕　　　入                         売　　　上
①買掛金  150,000 │                                    │②売掛金  200,000

         現　　　金
④売掛金  120,000 │③買掛金  100,000
```

(2) 人名勘定

　それぞれの掛取引を上記（1）の〔設例〕のように、そのつど元帳に転記していたのでは、売掛金や買掛金の合計残高を把握することはできるが、複数の得意先や仕入先を有する場合には、その内訳が不明である。そこで、取引先ごとの債権・債務を把握するために、取引先の店名を付けた勘定（人名勘定）を使用して処理することもできる。

〔設例〕

① 東京商店は、恵比寿商店より商品 150,000 円を仕入れ、代金は掛けとした。

　　（借）仕　　　　入　　150,000　　　　（貸）恵 比 寿 商 店　　150,000

② 東京商店は、上記①の商品を 200,000 円で新橋商店に販売し、代金は掛けとした。

　　（借）新 橋 商 店　　200,000　　　　（貸）売　　　　上　　200,000

③ 東京商店は、仕入先恵比寿商店に買掛金 100,000 円を現金で支払った。

　　（借）恵 比 寿 商 店　　100,000　　　　（貸）現　　　　金　　100,000

④ 東京商店は、得意先新橋商店から売掛金 120,000 円を現金で回収した。

　　（借）現　　　　金　　120,000　　　　（貸）新 橋 商 店　　120,000

```
          新 橋 商 店                                恵比寿商店
②売    上  200,000 │④現    金  120,000      ③現    金  100,000 │①仕    入  150,000

          仕     入                                  売     上
①恵比寿商店 150,000 │                                             │②新 橋 商 店 200,000

          現     金
④新 橋 商 店 120,000 │③恵比寿商店 100,000
```

（3） 統制勘定と売掛金（得意先）元帳・買掛金（仕入先）元帳

（2）で触れたように、得意先、仕入先ごとの売掛金や買掛金残高の増減を知ることができる人名勘定は、一方で、企業規模が大きくなるにつれて取引先が増加し、総勘定元帳に記載されている人名勘定の数も増加してしまう。売掛金または買掛金の合計額を把握するためには、いちいち人名勘定のすべてを合計しなければならないといった煩わしさや、誤りを生じやすい。

そこで、人名勘定を補助元帳として総勘定元帳から分離し、売掛金（得意先）元帳、買掛金（仕入先）元帳を設けて処理する方法がある。売掛金や買掛金の増減取引が発生した場合、総勘定元帳の売掛金勘定、買掛金勘定に記録するだけでなく、同時に売掛金元帳、買掛金元帳にも記録する。したがって、この売掛金元帳、買掛金元帳の人名勘定の合計額は、総勘定元帳の売掛金、買掛金勘定の金額と必ず一致する。このとき、売掛金勘定は売掛金元帳の、買掛金勘定は買掛金元帳の、各人名勘定を統制することから統制勘定（統括勘定）と呼ばれる。

〔設例〕
① 東京商店は、商品 100,000 円を川崎商店に掛けで販売した。
   （借）売 掛 金   100,000   （貸）売   上   100,000
② 東京商店は、商品 250,000 円を代々木商店に掛けで販売した。
   （借）売 掛 金   250,000   （貸）売   上   250,000
③ 東京商店は、川崎商店から売掛代金 50,000 円を現金で回収した。
   （借）現   金   50,000   （貸）売 掛 金   50,000

```
        総勘定元帳                          売掛金元帳
          売  掛  金                          川 崎 商 店
①売  上  100,000 │③現  金   50,000    ①    100,000 │③      50,000
②売  上  250,000 │

          売        上                        代々木商店
                 │①売掛金  100,000    ②    250,000 │
                 │②売掛金  250,000
```

　上記の〔設例〕でみるように、売掛金元帳の人名勘定である川崎商店の残高50,000円と代々木商店の残高250,000円の合計は、総勘定元帳の売掛金勘定残高の300,000円に一致する。

売 掛 金 元 帳
神 田 商 店

平成20年		摘 要	借 方	貸 方	借/貸	残 高
7	1	前月繰越	450,000		借	450,000
	7	商品売上	300,000		〃	750,000
	14	現金回収		250,000	〃	500,000
	21	商品売上	100,000		〃	600,000
	31	次月繰越		600,000		
			850,000	850,000		
8	1	前月繰越	600,000		借	600,000

買 掛 金 元 帳
御茶ノ水商店

平成20年		摘 要	借 方	貸 方	借/貸	残 高
7	1	前月繰越		300,000	貸	300,000
	7	商品仕入		150,000	〃	450,000
	14	現金支払	250,000		〃	200,000
	21	商品仕入		100,000	〃	300,000
	31	次月繰越	300,000			
			550,000	550,000		
8	1	前月繰越		300,000	貸	300,000

3. 返品・値引き

(1) 返品

　品違いや汚損等により、一度仕入れた商品を返送することを仕入戻し、あるいは一度売上げた商品が同様の何らかの理由により返送されることを売上戻りと呼ぶ。このような返品が生じた場合、その部分の金額は、仕入や売上の修正を意味するため、その部分の金額を取り消す処理を行う。例えば、商品を仕入れたときは仕入勘定の借方に記入を行うが、返品した場合にはこれを修正するため、仕入勘定の貸方に記入する。

〔設例〕
① さきに恵比寿商店から掛けで仕入れた商品 100,000 円のうち、20,000 円が品違いであったため返品した。
　　（借）買　掛　金　　20,000　　（貸）仕　　　入　　20,000
② 川崎商店に掛けで売り上げた商品 300,000 円のうち、10,000 円が品違いのため返品された。
　　（借）売　　　上　　10,000　　（貸）売　掛　金　　10,000

(2) 値引き

　仕入れた商品が汚損等しているが返品しなくとも販売可能と判断し、仕入金額を減額させてそのまま商品を引き取る場合がある。また反対に、一度売り上げた商品についても同様の何らかの理由によって売上金額の一部を減額する場合がある。このとき、減額させたあるいは減額した金額を仕入値引、売上値引と呼ぶ。値引きがあった場合には (1) の返品と同様、その部分の金額を仕入勘定の貸方へ、売上勘定の借方へ記入する処理を行う。

〔設例〕
① 先に御茶ノ水商店から掛けで仕入れた商品 50,000 円が汚損していたため、5,000 円の値引きを受けた。

(借) 買 掛 金　　5,000　　　(貸) 仕　　　入　　5,000

② 神田商店に掛けで売り上げた商品 300,000 円が汚損していたため、10,000 円の値引きをした。

(借) 売　　　上　　10,000　　　(貸) 売 掛 金　　10,000

　このように、返品・値引きのいずれの処理においても、通常の掛け仕入れや掛け売上げと逆の仕訳を行うことは、共通している。しかし、返品は商品数量が減少するのに対し、値引きは商品数量には変化が生じず、商品単価に変化をもたらすこととなる。このことは、以下に扱う商品有高帳における商品単価を決定する際に特に留意しなければならない。

4. 諸 掛 り

　商品を仕入れる際にかかる運賃、運送保険料、手数料等の諸費用は、仕入諸掛りとして仕入原価に算入する。一方、商品を売り上げる際にかかる発送費、販売手数料等の諸費用は、売上諸掛りとして独立した勘定科目をもって処理を行う。

〔設例〕
① 恵比寿商店より商品 100,000 円を仕入れ、代金は掛けとした。なお、引き取り運賃 1,050 円を現金で支払った。

(借) 仕　　　入　　101,050　　　(貸) 買 掛 金　　100,000
　　　　　　　　　　　　　　　　　　　現　　　金　　　1,050

② 代々木商店に商品 250,000 円を売り上げ、代金は掛けとした。なお、発送費 2,100 円を現金で支払った。

(借) 売 掛 金　　250,000　　　(貸) 売　　　上　　250,000
　　 発 送 費　　　2,100　　　　　　 現　　　金　　　2,100

5. 仕入帳と売上帳

(1) 仕入帳

仕入帳は、仕入取引の明細を記帳する補助簿であり、仕入先、品名、単価、数量等の記載を行う。記入例を示せば以下のようになる。

仕入帳

平成20年		摘　　要		内　訳	金　額
4	1	渋谷商店	掛		
		A商品	20個　@50円	1,000	
		仕入運賃	現金支払い	250	1,250
	6	新宿商店	掛		
		B商品	15個　@70円	1,050	
		C商品	10個　@60円	600	1,650
	8	新宿商店	掛返品		
		B商品	5個　@70円		350
	12	品川商店	掛		
		D商品	30個　@40円		1,200
	22	品川商店	掛値引		
		D商品	30個　@10円		300
	30		総仕入高		4,100
			仕入値引・戻し高		650
			純仕入高		3,450

注）仕入値引・戻し高は朱書きにし、その金額は月末に総仕入高から控除して純仕入高を求める。

(2) 売上帳

売上帳は、販売取引の明細を記録する補助簿であり、仕入帳と同様に売上先、商品名、単価、数量等の記載がなされる。記入方法は仕入帳と同様であるので、ここでは捨象する。

6. 商品有高帳

　前述の仕入帳と売上帳は、商品全体の増加と減少を把握できる。しかし、商品の種類ごとの受け払い単価、数量、金額や残高を把握し、在庫管理に有用なものとして機能させるためには、商品有高帳の使用が必要である。

　商品有高帳は、商品の種類ごとに口座を設け、その受入と払出そして残高について、それぞれの数量、単価、金額を記録する補助簿である。商品有高帳の記入について留意すべき点は、受入欄のみならず払出欄の金額についても単位当たりの原価を用いることである。しかしながら、同一商品であっても、商品の仕入れ先や時期によって仕入れ単価が異なる場合が多い。そのため、商品払出の際の単価を決定するために、ある一定の方法を採用して、原価を計算しなければならない。この払出単価を決定する方法には、いくつかの方法があるが、本書では検定試験に頻繁に用いられる「先入先出法」、「移動平均法」の2つを解説する。

（1）先入先出法

　先に受け入れたものから順に払い出すものと仮定し、その単価を決定する方法である。そのため、異なる単価の商品を受け入れた場合には、それらを区分して記入しなければならない。

（2）移動平均法

　単価の異なる商品を受け入れた都度、数量、金額をその時点の在庫商品数量や金額に加算して、新たな平均単価を算出し、この単価を以後の払出単価として用いる方法である。なお、平均単価の計算は次のとおりである。

$$\frac{残高金額＋受入金額}{残高数量＋受入数量}＝平均単価$$

〔設例〕
目白商店の5月におけるX商品の売買取引に基づき、先入先出法と移動平均法を用いてそれぞれの商品有高帳を記入しなさい。

5／1　前月より繰越　　5個　＠200円
／5　　仕入　　　　　10個　＠215円
／12　売上　　　　　10個　＠400円（売価）
／18　仕入　　　　　15個　＠230円
／25　売上　　　　　 8個　＠450円（売価）

（先入先出法）

商　品　有　高　帳

X商品

日付		摘要	受入			払出			残高		
			数量	単価	金額	数量	単価	金額	数量	単価	金額
5	1	前月繰越	5	200	1,000				5	200	1,000
	5	仕　入	10	215	2,150				5	200	1,000
									10	215	2,150
	12	売　上				5	200	1,000			
						5	215	1,075	5	215	1,075
	18	仕　入	15	230	3,450				5	215	1,075
									15	230	3,450
	25	売　上				5	215	1,075			
						3	230	690	12	230	2,760
	31	次月繰越				12	230	2,760			
			30		6,600	30		6,600			
6	1	前月繰越	12	230	2,760				12	230	2,760

(移動平均法) 　　　　　商　品　有　高　帳
　　　　　　　　　　　　　　X商品

日付		摘要	受入			払出			残高		
			数量	単価	金額	数量	単価	金額	数量	単価	金額
5	1	前月繰越	5	200	1,000				5	200	1,000
	5	仕　入	10	215	2,150				15	※1 210	3,150
	12	売　上				10	210	2,100	5	210	1,050
	18	仕　入	15	230	3,450				20	※2 225	4,500
	25	売　上				8	225	1,800	12	225	2,700
	31	次月繰越				12	225	2,700			
			30		6,600	30		6,600			
6	1	前月繰越	12	225	2,700				12	225	2,700

※1 $\dfrac{1,000+2,150}{5+15}=@210$　　　※2 $\dfrac{1,050+3,450}{5+15}=@225$

【練習問題6-1】

W商品の下記の資料に基づき、先入先出法と移動平均法により商品有高帳を記入し、締め切りなさい。

6／1　前月繰越　20本　@300円
　／7　仕入　　　20本　@330円
　／14　売上　　　25本　@500円（売価）
　／21　仕入　　　10本　@360円
　／28　売上　　　20本　@550円（売価）

(先入先出法) 商品有高帳
W商品

日付	摘要	受入			払出			残高		
		数量	単価	金額	数量	単価	金額	数量	単価	金額

(移動平均法) 商品有高帳
W商品

日付	摘要	受入			払出			残高		
		数量	単価	金額	数量	単価	金額	数量	単価	金額

第7章

現金・預金取引

1. 現金と現金過不足

(1) 現金の意義と記帳

簿記で取り扱う現金には、通貨のほか他人振出しの小切手、送金小切手、送金為替手形、郵便為替証書、振替貯金払出証書、期限の到来した公社債の利札、配当金領収書など即時に現金化できるものを含む。これらの増減があった場合には、通常の現金と同様に現金勘定を用いて処理を行う。

〔設例〕

① 得意先新橋商店から売掛金30,000円を回収した際に、同店振り出しの小切手を受け取った。

　　（借）現　　金　　30,000　　　（貸）売　掛　金　　30,000

② 神田商店に商品80,000円を売り上げ、代金のうち50,000円は送金小切手で受け取り、残額は現金で受け取った。

　　（借）現　　金　　80,000　　　（貸）売　　　上　　80,000

	現　金
①売掛金　30,000	
②売　上　80,000	

（2） 現金出納帳

　現金取引の多い企業では取引のつど元帳に転記すると、現金勘定が膨大となり、煩雑なために転記ミスが生じやすい。そこで、次のような現金の出納を発生順に記入し、残高を管理する補助簿として現金出納帳を作成し、総勘定元帳の現金勘定には、毎日の入金合計と出金合計を一括転記する方法を使用する。

現 金 出 納 帳

平成20○年		摘　　要	収入	支出	残高
4	1	前 月 繰 越	15,680		15,680
	2	事 務 用 品 購 入		4,560	11,120
	6	神 田 商 店 へ 売 上	31,500		42,620
	12	代々木商店から掛代金回収	15,750		58,370
	25	従 業 員 給 料 支 払 い		48,000	10,370
	30	次 月 繰 越		10,370	
			62,930	62,930	
5	1	前 月 繰 越	10,370		10,370

（3） 現金過不足の処理

　現金の収支が誤りなく行われているかどうかについては、定期的に現金出納帳の残高と実際の手元有高とを照合する。仮に両者が不一致であるならば、実際の手元有高に帳簿残高を合致させなければならないが、このとき現金過不足勘定という仮勘定を設けて、差額を一時的に振り替える処理を行う。その後、不一致の原因を調査し、その内容が判明したときには現金過不足勘定から、正しい勘定科目への振り替えを行う。しかし、期末になってもその原因が判明しないときは、現金過不足勘定が単なる仮勘定であるので、次期に繰り越すことはしないため、現金過不足勘定から雑損勘定あるいは雑益勘定に振り替える決算整理仕訳を要する。現金過不足にかかる決算整理事項については第13章で述べる。

〔設例〕
① 現金の実際有高を調査したところ、11,200円で帳簿残高の11,650円より450円不足していた。

(借)現金過不足　　450　　　(貸)現　　　金　　450

② 現金過不足の原因を調査したところ、交通費370円の記入漏れであったことが判明した。

(借)交　通　費　　370　　　(貸)現金過不足　　370

現　　金		現金過不足	
11,650	①現金過不足 450	①現　　金 450	②交　通　費 370

(解説)
現金過不足勘定の借方残高（450円－370円＝80円）が、決算までに不一致の原因が判明しないときは雑損勘定へと振り替える必要がある。

2.　当座預金と当座預金出納帳

(1)　当座預金の意義と記帳

現金を多額に企業内に保管し、日々、入出金管理を行うことは煩雑なために誤りを生じやすいだけでなく、盗難や紛失など不測の事態を招く恐れがある。そこで多くの企業は、金融機関と当座取引契約を締結し、金融機関から交付される小切手を振り出して支払う形態を選択している。このような預金を当座預金という。

〔設例〕
① 東京商店は銀行と当座取引契約を結び、現金100,000円を預け入れた。

(借)当 座 預 金　　100,000　　　(貸)現　　　金　　100,000

② 東京商店は新宿商店から商品 52,500 円を仕入れ、代金は小切手を振り出して支払った。
   (借) 仕　　入　　52,500　　　(貸) 当座預金　　52,500
③ 東京商店は得意先代々木商店から売掛金の回収として、同店振り出しの小切手 30,000 円を受け取り、ただちに当座預金に預け入れた。
   (借) 当座預金　　30,000　　　(貸) 売　掛　金　　30,000

(解説)
設例③で示した他人振り出しの小切手は、既に述べたように現金で処理するが、これを受け入れ、ただちに当座預金としたため、次の2つの取引が同時に行われたと考えて仕訳を行う。

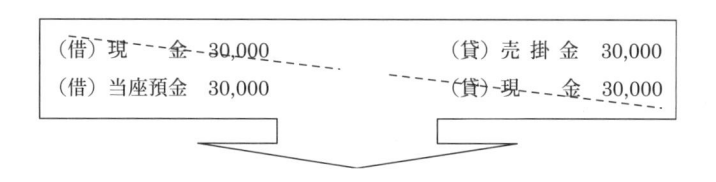

```
(借) 現 ─ ─ 金 ─ 30,000          (貸) 売 掛 金　30,000
(借) 当座預金　30,000          (貸) 現 ─ ─ 金 ─ 30,000
```

　(借) 当座預金　　30,000　　　(貸) 売　掛　金　　30,000
④ 東京商店は得意先神田商店に対する売掛金 21,000 円を、かつて当店が振り出した小切手で受け取った。
　(借) 当座預金　　21,000　　　(貸) 売　掛　金　　21,000

(解説)
設例④のように、自己で振り出した小切手を受け取ったときは、当座預金が減少しなかったとして、これを増加させる（すなわち減少を取り消す処理を行う）。

(2) 当座借越

当座預金の残高を超えて小切手を振り出すことはできないが、金融機関とあらかじめ当座借越契約を締結することで、借越限度額まで預金残高を超えて小切手を振り出すことができる。当座借越の処理としては、次の2つの方法がある。

1) 二勘定制

当座預金の残高内における増減取引については、当座預金勘定を使用し、当座預金の残高を超える部分の増減取引については、当座借越勘定を使用する方法である。この場合、当座借越勘定の貸方に金額があるときは、金融機関に対する債務が発生していることを意味する。

2) 一勘定制

当座預金の増減取引すべてについて、当座勘定のみを使用して処理する方法である。この場合、当座勘定の借方に残高が示されれば当座預金口座の金額、貸方に残高が示されれば、借越金額を意味する。二勘定制と異なり、取引のつど当座預金の残高を調べなければならないという手間が省ける。

〔設例〕

渋谷商店に買掛金 50,000 円を支払うため、小切手を振り出した。当座預金の残高は、35,000 円であり、当社は銀行と借越限度額 1,000,000 円の当座借越契約を結んでいる。

① 二勘定制

(借) 買 掛 金　50,000　　(貸) 当座預金　35,000
　　　　　　　　　　　　　　　　当座借越　15,000

```
        当座預金                          当座借越
  35,000 │ 買掛金  35,000               │ 買掛金  15,000
```

② 一勘定制

(借) 買 掛 金　50,000　　(貸) 当　　座　50,000

```
              当　座
        35,000 │ 買掛金  50,000
```

(3) 当座預金出納帳

当座預金の出納と残高管理のために、以下のような当座預金出納帳を作成し、毎日一括転記し管理する。いくつかの金融機関と当座取引契約を締結しているときは、それぞれ金融機関ごとに作成するのが望ましい。

当 座 預 金 出 納 帳

平成20○年		摘　　要	小切手No.	預　入	引　出	借/貸	残　高
4	1	青山銀行に預金		100,000		借	100,000
	5	代々木商店へ掛代金支払	1		20,000	〃	80,000
	15	川崎商店に仕入代金支払	2		31,500	〃	48,500
	20	恵比寿商店から掛代金回収		28,000		〃	76,500
	25	備品購入代金支払	3		45,000	〃	31,500
	30	次 月 繰 越			31,500		
				128,000	128,000		
5	1	前 月 繰 越		31,500		借	31,500

3. 小口現金

上記のように金融機関に預金口座を開設し、小切手を中心とした支払いを行う場合においても、日常的な少額経費の支払いなどには、現金の用意が必要となる。この現金を小口現金という。小口現金の補給方法には、会計係が小口の現金を管理する用度係に必要な金額を随時補給する方法、または、一定期間の概算額を見積もって前渡しをする方法がとられる。前者を随時補給法と呼び、後者を定額資金前渡法（インプレスト・システム）と呼ぶ。随時補給法では、必要な金額をその都度支払う会計係と、これを受け取って支払いを管理する用度係との両方の事務処理にかかる負担が大きい。そのため、本書ではあらかじめ必要な概算額を見積もって小口現金を管理する定額資金前渡法（インプレスト・システム）を概説することとする。

定額資金前渡法（インプレスト・システム）は、資金を補給する会計係の処

理と、小口現金の管理を行いその内訳明細を報告する用度係の処理について、それぞれ区別して把握することが必要である。まず、〔設例1〕では、会計係の一連の小口現金処理について、続いて〔設例2〕では、用度係の記入すべき補助簿の小口現金出納帳について述べる。

〔設例1〕 会計係の処理

① 当社は、定額資金前渡法（インプレスト・システム）を採用することとし、会計係は、小口現金10,000円を小切手で振り出して、用度係に前渡した。

　　（借）小　口　現　金　10,000　　　（貸）当　座　預　金　10,000

② 用度係から、次のような支払の報告を受けたため、ただちに小切手4,760円を振り出して小口現金を補給した。

　　交通費　1,050円　　　通信費　560円　　　事務用消耗品費　3,150円

　　（借）交　　通　　費　1,050　　　（貸）当　座　預　金　4,760
　　　　　通　　信　　費　　560
　　　　　事務用消耗品費　3,150

（②解説）

上記②のように、報告と補給が同時になされるときは、下記の2つの取引が同時に行われたと考えて処理する。

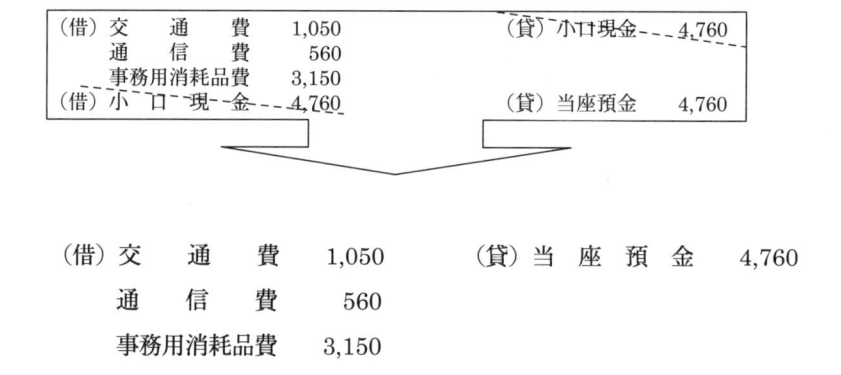

```
（借）交　　通　　費　1,050       （貸）小 口 現 金 --- 4,760
      通　　信　　費　　560
      事務用消耗品費　3,150
（借）小 口 現 金 --- 4,760        （貸）当 座 預 金　4,760
```

　　　　　　　　　　　　　⬇

　　（借）交　　通　　費　1,050　　　（貸）当　座　預　金　4,760
　　　　　通　　信　　費　　560
　　　　　事務用消耗品費　3,150

〔設例2〕 用度係の処理

定額資金前渡法（インプレスト・システム）を採用している当社は、毎週ごとに小切手で資金の補給を受けることになっている。今週の小口現金の支払いは、以下に示すとおりである。これに基づき小口現金出納帳に記入を行う。

6／20	郵便切手代	1,400 円	／23	コピー代	1,300 円
／21	タクシー代	2,840 円	／24	私鉄回数券代	2,900 円
／22	コーヒー代	900 円	／25	文房具	3,860 円

小 口 現 金 出 納 帳

受入	平成20年		摘要	支払	内訳			
					通信費	交通費	消耗品費	雑費
5,500	6	20	前週繰越					
14,500		〃	本日補給					
		〃	郵便切手	1,400	1,400			
		21	タクシー代	2,840		2,840		
		22	コーヒー代	900				900
		23	コピー代	1,300			1,300	
		24	私鉄回数券	2,900		2,900		
		25	文房具	3,860			3,860	
			合計	13,200	1,400	5,740	5,160	900
		25	次週繰越	6,800				
20,000				20,000				
6,800	6	27	前週繰越					
13,200		〃	本日補給					

【練習問題 7-1】

次の取引を小口現金出納帳に記入し、週末における締め切りと小切手振り出しによる資金補給に関する記入をおこないなさい。なお、当社は定額資金前渡法（インプレスト・システム）を採用し、週明けに前週についての報告をおこない、資金補給を受けている。

9／3 郵便切手・葉書代	2,800 円	／6 お茶、コーヒー代	3,710 円
／4 タクシー代	4,560 円	／7 新聞代	5,480 円
／5 事務用封筒・文房具	8,340 円	／8 バス回数券	2,300 円

小 口 現 金 出 納 帳

受入	平成20◯年		摘要	支払	内訳			
					通信費	交通費	消耗品費	雑費
4,910	9	3	前週繰越					
25,090		〃	本日補給					
			合 計					
			次週繰越					
	9	10	前週繰越					
		〃	本日補給					

第8章
手形取引

1. 手形の種類

　掛取引と同様に、信用を前提として商品を仕入れ、その代金の支払いを後に行う方法に手形による取引がある。手形取引では掛取引と異なり、取引者間で支払期日、支払金額、支払場所、支払人等の条項が明示された証書を交付する。この手形には、約束手形と為替手形の2種類があるが、簿記上の取引では、いずれも受取手形勘定と支払手形勘定で処理する。

(1) 約束手形
　振出人（手形作成者）が、一定の期日に一定の場所で一定の金額を、名宛人（受取人）に対し、その支払いを行うことを約束する証書である。このとき、振出人が手形債務者、名宛人が手形債権者であることに留意しなければならない。商品の仕入れや買掛金の支払いなどにより約束手形を振り出したときは、手形債務が生ずるため支払手形勘定を、反対に商品の売り上げや売掛金の回収により約束手形を受け取ったときは、手形債権が生ずるため受取手形勘定をそれぞれ増加させる処理を行う。また、取引銀行より、手形に記載された支払期日に手形決済が行われた旨の通知を受けたときは、手形債務または手形債権をそれぞれ消滅させる処理を行う。

```
          4. 約束手形の呈示
┌ ─ ─ ─ ─ ─ ┐ ← ─ ─ ─ ─ ─ ─ ─ ─ ┌ ─ ─ ─ ─ ─ ┐
│東京商店の取引銀行│                  │渋谷商店の取引銀行│
└ ─ ─ ─ ─ ─ ┘ ─ ─ ─ ─ ─ ─ ─ ─ → └ ─ ─ ─ ─ ─ ┘
  ↑  6.      5. 支払い         3. ↑    ↑ 6.
  │  支                         取│    │入
  │  払                         立│    │金
  │  通                         依│    │通
  │  知                         頼│    │知
┌─────┐  1. 商品100,000円 仕入れ  ┌─────┐
│東京商店│ ←──────────────── │渋谷商店│
│(振出人)│                        │(名宛人)│
└─────┘ ─────────────────→ └─────┘
         2. 100,000円 約束手形の振出
```

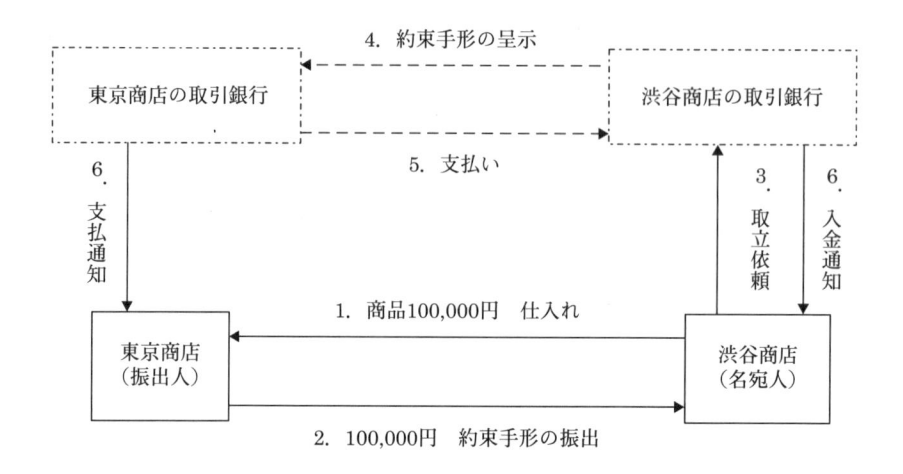

〔設例〕

① 東京商店は、渋谷商店から商品100,000円を仕入れ、代金は渋谷商店を名宛人とする約束手形100,000円を振り出して支払った。

　（借）仕　　　入　　100,000　　（貸）支払手形　　100,000

② 渋谷商店は、東京商店に商品100,000円を売り上げ、代金は東京商店振り出し、渋谷商店を名宛人とする約束手形100,000円で受け取った。

　（借）受取手形　　100,000　　（貸）売　　　上　　100,000

③ 東京商店は、かねて商品代金の支払いとして渋谷商店宛てに振り出した約束手形100,000円が支払期日になり、当座預金から100,000円の支払いがされた旨、取引銀行から通知を受けた。

　（借）支払手形　　100,000　　（貸）当座預金　　100,000

④ 渋谷商店は、かねて取り立てを依頼していた東京商店振り出しの約束手形100,000円が支払期日になり、当座預金に100,000円が入金された旨、取引銀行から通知を受けた。

　（借）当座預金　　100,000　　（貸）受取手形　　100,000

（2） 為替手形

　為替手形は、振出人（手形作成者）が名宛人（引受人＝支払人）に対して、一定の期日に一定の場所で一定の金額を、指図人（受取人）に支払うことを依頼した証書である。約束手形の場合と異なり、名宛人が為替手形の引受欄に署名捺印し、その支払いを承諾する。すなわち、手形に記載された金額の支払いを行うのは名宛人であり、これを受領する債権者は指図人であることに留意すべきである。このとき、振出人は為替手形の振り出しでは、単に支払人を指定してその支払いを委託しているに過ぎないが、名宛人が支払うことを担保する責任を負っている。したがって、名宛人が手形の支払期日に支払うことができなかった場合には、振出人はその金額を償還する義務を負うこととなる。

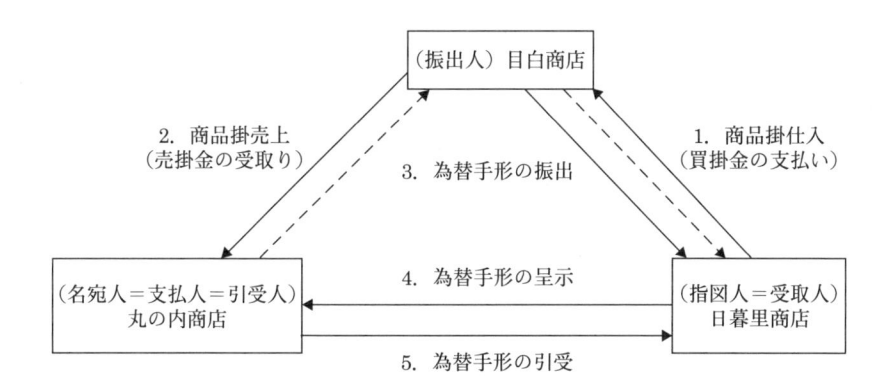

```
                    （振出人）目白商店
                    ┌──────────┐
                    └──────────┘
         ↗  ↖             ↗  ↖
  2. 商品掛売上              1. 商品掛仕入
  （売掛金の受取り）   3. 為替手形の振出   （買掛金の支払い）

┌──────────┐    4. 為替手形の呈示    ┌──────────┐
│（名宛人＝支払人＝引受人）│←──────────│（指図人＝受取人）│
│   丸の内商店    │                  │   日暮里商店   │
└──────────┘    5. 為替手形の引受    └──────────┘
```

〔設例：（振出人）目白商店の一連取引〕
　① 目白商店は、日暮里商店から商品 100,000 円を掛で仕入れた。
　　（借）仕　　　入　　100,000　　（貸）買　掛　金　　100,000
　② 目白商店は、丸の内商店に商品 100,000 円を掛で売り上げた。
　　（借）売　掛　金　　100,000　　（貸）売　　　上　　100,000
　③ 目白商店は、日暮里商店に対する掛代金 100,000 円の支払いにつき、売掛金のある丸の内商店を名宛人とする為替手形を振り出し、同商店の引き受けを得て、日暮里商店に渡した。
　　（借）買　掛　金　　100,000　　（貸）売　掛　金　　100,000

④　先に振り出した為替手形 100,000 円につき、決済された旨の通知を受けた。
　　仕訳なし

(解説)
③の取引において、すでに目白商店の債権、債務を減少しているため、④の取引について改めて処理を行う必要はない。

〔設例：(指図人) 日暮里商店の一連取引〕
　①　日暮里商店は、目白商店に商品 100,000 円を掛けで売り上げた。
　　　(借) 売 掛 金　　100,000　　　(貸) 売　　　上　　100,000
　②　目白商店は、丸の内商店に商品 100,000 円を掛けで売り上げた。
　　　目白商店と丸の内商店の取引につき、日暮里商店の仕訳なし
　③　日暮里商店は、目白商店に対する売掛金 100,000 円を目白商店振り出し、丸の内商店を名宛人、丸の内商店引き受け済みの為替手形で受け取った。
　　　(借) 受 取 手 形　　100,000　　　(貸) 売 掛 金　　100,000
　④　日暮里商店は、先に受け取った為替手形 100,000 円の取り立て依頼を行い、当座預金に入金された旨の通知を受けた。
　　　(借) 当 座 預 金　　100,000　　　(貸) 受 取 手 形　　100,000

〔設例：(名宛人) 丸の内商店の一連取引〕
　①　目白商店は、日暮里商店から商品 100,000 円を掛けで仕入れた。
　　　目白商店と日暮里商店の取引につき、丸の内商店の仕訳なし
　②　丸の内商店は、目白商店から商品 100,000 円を掛で仕入れた。
　　　(借) 仕　　入　　100,000　　　(貸) 買 掛 金　　100,000
　③　丸の内商店は、買掛金のある目白商店から、目白商店振り出し、丸の内商店を名宛人、日暮里商店を指図人とする為替手形 100,000 円の呈示を受け、これを引き受けた。
　　　(借) 買 掛 金　　100,000　　　(貸) 支 払 手 形　　100,000

④　丸の内商店は、引き受けをした為替手形100,000円につき支払の呈示を受けたので、これに応じて当座預金より支払った。

　　（借）支払手形　　100,000　　　（貸）当座預金　　100,000

【研究】自己受為替手形と自己宛為替手形

(1) 自己受為替手形

振出人が自己を指図人（受取人）として、振り出す手形を自己受為替手形という。主として、代金回収を確実にするため利用される。

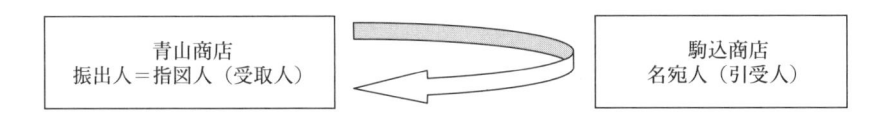

```
┌─────────────────┐         ┌─────────────────┐
│　　青山商店　　　│　　⇐　　│　　駒込商店　　　│
│振出人＝指図人（受取人）│         │名宛人（引受人）　│
└─────────────────┘         └─────────────────┘
```

〔設例〕

青山商店は、得意先駒込商店に対する売掛金300,000円につき、同店を名宛人、当店を受取人とする為替手形300,000円を振り出した。

（青山商店）
　　（借）受取手形　　300,000　　　（貸）売　掛　金　　300,000
（駒込商店）
　　（借）買　掛　金　　300,000　　　（貸）支払手形　　300,000

(2) 自己宛為替手形

振出人が自己を名宛人（支払人）として振り出す場合を、自己宛為替手形という。自己が手形上の債務を負うこととなるこの手形は、主として送金のために利用される。

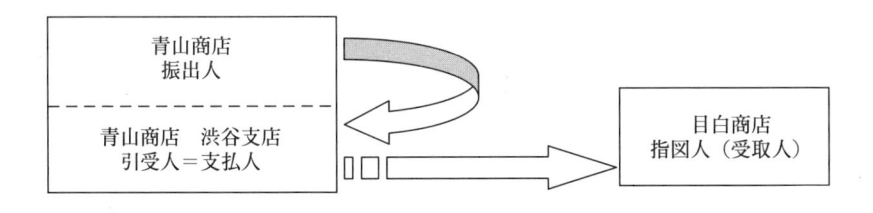

```
┌─────────────────┐         
│　　青山商店　　　│　　⇐　　┌─────────────────┐
│　　振出人　　　　│         │　　目白商店　　　│
├─────────────────┤　　⇒　　│指図人（受取人）　│
│青山商店　渋谷支店│         └─────────────────┘
│引受人＝支払人　　│
└─────────────────┘
```

〔設例〕
　青山商店は、仕入先目白商店に対する買掛金100,000円につき、目白商店を指図人、青山商店渋谷支店を名宛人とする為替手形を振り出した。
（青山商店）
　　（借）買　掛　金　　100,000　　　（貸）支払手形　　100,000
（目白商店）
　　（借）受取手形　　100,000　　　（貸）売　掛　金　　100,000

2.　手形の裏書と割引

（1）　手形の裏書

　受け取った約束手形や為替手形は、商品代金の支払いなどに応じ、満期日前に他人に譲渡することができる。その際、譲渡人は手形の裏面に必要事項を記入し、署名捺印を行わなければならない。これを手形の裏書譲渡と呼ぶ。その後、手形は裏書人の手元を離れ、手形所持人によって支払請求がなされ、満期日に決済される。しかし、譲渡した手形が、手形債務者の支払い不能（不渡り）により満期日に決済されなかったときは、譲渡した相手から裏書人に対し、手形金額の返還請求がなされる（手形の遡及）。遡及義務は、裏書人が裏書きを行った際にはいまだ債務が確定しておらず、手形債務者の支払い不能によってはじめて債務が確定する。このようにある一定の条件が具備されたとき債務がはじめて発生することを偶発債務という。

　以上のことから、一連の手形の裏書取引にかかる処理については、①偶発債務を考慮しない方法と、偶発債務を考慮して処理する方法がある。また、偶発債務を考慮する場合には、②対照勘定を用いて処理する方法、③評価勘定を用いて処理する方法がある。②、③については偶発債務を認識した際に備忘記録を同時におこない、手形が決済されたとき、あるいは不渡りになったときには、この偶発債務を消去する処理を行わなければならない点で①と異なる。

〔設例1〕手形を裏書きしたときの処理

東京商店は仕入先新宿商店へ買掛金300,000円の支払いのため、手持ちの川崎商店振り出し、東京商店宛の約束手形を裏書譲渡した。

① 偶発債務を考慮しない方法

　（借）買　掛　金　　300,000　　　（貸）受　取　手　形　　300,000

（解説）裏書譲渡した受取手形を減少させる処理を行う。

② 偶発債務を考慮して、対照勘定を用いて処理する方法

　（借）買　掛　金　　300,000　　　（貸）受　取　手　形　　300,000
　　　裏書義務見返　　300,000　　　　　　裏　書　義　務　　300,000

（解説）裏書譲渡した受取手形を減少させる処理は①と同様であるが、裏書義務見返勘定と、裏書義務勘定を使用して偶発債務の備忘記録を行う。

③ 偶発債務を考慮して、評価勘定を用いて処理する方法

　（借）買　掛　金　　300,000　　　（貸）裏　書　手　形　　300,000

（解説）裏書譲渡した時点では、手許の受取手形を減少させる処理を行わず、裏書手形勘定を使用して偶発債務の備忘記録を行う。

〔設例2〕裏書きした手形が決済されたとき

東京商店は上記の手形が満期日に無事決済された旨の通知を受けた。

① 偶発債務を考慮しない方法

　　仕訳なし

② 対照勘定を用いて処理する方法

　（借）裏　書　義　務　　300,000　　　（貸）裏書義務見返　　300,000

（解説）備忘記録を消去する逆仕訳のみを行う。

③ 評価勘定を用いて処理する方法

　（借）裏　書　手　形　　300,000　　　（貸）受　取　手　形　　300,000

（解説）備忘記録の裏書手形勘定を消去し、受取手形を減少させる処理を行う。

(2) 手形の割引

　手形の割引とは、満期日までの間に手形金額を現金化したいとき、手形債権を金融機関等に譲渡することをいう。金融機関は手形の割引日から満期日までの期間に相当する割引料（通常、両端入れ）を計算し、これを手形金額から差し引いて支払いを行う。裏書は他の企業に対して手形を譲渡することであるが、割引は金融機関等に対して手形を譲渡することであり、偶発債務が生ずる点やその処理も裏書手形と同様である。なお、このとき支払った割引料は、手形売却損として処理する。

〔設例1〕
　東京商店は、川崎商店振り出しの約束手形500,000円を取引銀行で割り引き、割引料4,500円を差し引かれ、残額を当座預金に預け入れた。
　① 偶発債務を考慮しない方法
　　　（借）当 座 預 金　　495,500　　（貸）受 取 手 形　　500,000
　　　　　　手 形 売 却 損　　　4,500
　② 対照勘定を用いて処理する方法
　　　（借）当 座 預 金　　495,500　　（貸）受 取 手 形　　500,000
　　　　　　手 形 売 却 損　　　4,500
　　　　　　割引義務見返　　500,000　　　　　割 引 義 務　　500,000
　③ 評価勘定を用いて処理する方法
　　　（借）当 座 預 金　　495,500　　（貸）割 引 手 形　　500,000
　　　　　　手 形 売 却 損　　　4,500

〔設例2〕
　東京商店は割り引いた手形が満期日に無事決済された旨の通知を受けた。
　① 偶発債務を考慮しない方法
　　　仕訳なし
　② 対照勘定を用いて処理する方法
　　　（借）割 引 義 務　　500,000　　（貸）割引義務見返　　500,000

③ 評価勘定を用いて処理する方法
(借)割 引 手 形　500,000　　(貸)受 取 手 形　500,000

【研究】
　裏書や割引を行った際に手形振出人の信用力に不安があり、不渡りのリスクがある場合には、金融負債として保証債務費用を時価評価し、計上する処理もあわせて行う必要がある。また、手形が決済された際には、保証債務費用を計上した部分の金額は保証債務取崩益勘定を用いて処理する。

〔設例1〕
① 青山商店は、品川商店に対する買掛金の支払いにつき、北海道商店振り出しの約束手形100,000円を裏書譲渡した。なお、譲渡した約束手形の保証債務の時価は額面の1％である。偶発債務の処理は、評価勘定を用いて処理する。
(借)買　掛　金　100,000　　(貸)裏 書 手 形　100,000
　　保証債務費用　　1,000　　　　保 証 債 務　　1,000
② 裏書していた①の手形が決済された。
(借)裏 書 手 形　100,000　　(貸)受 取 手 形　100,000
　　保 証 債 務　　1,000　　　　保証債務取崩益　1,000

〔設例2〕
① 青山商店は、得意先池袋商店から受け取った約束手形200,000円を銀行で割り引き、割引料4,000円を差し引かれ、残額は当座預金とした。なお、保証債務の時価は額面の1％である。偶発債務の処理は、対照勘定を用いて処理する。
(借)当 座 預 金　196,000　　(貸)受 取 手 形　200,000
　　手形売却損　　4,000
　　割引義務見返　200,000　　　　割 引 義 務　200,000
　　保証債務費用　2,000　　　　保 証 債 務　2,000

② 割り引いていた①の手形が決済された。

  （借）割引義務 200,000 （貸）割引義務見返 200,000
     保証債務   2,000   保証債務取崩益 2,000

3. 手形の不渡り

　満期日に代金の支払いが拒絶された手形を不渡手形といい、このとき手形所持人は公証役場で支払拒絶証書を作成（作成の義務を免除された場合を除く）し、振出人または裏書人に償還請求を行う。請求できる金額は手形額面金額、支払拒絶証書の作成費用、満期日から償還日までの法定利息、償還請求のための諸費用の合計である。この遡及権は、不渡手形勘定を使用して処理を行う。

〔設例1〕

　東京商店は神田商店から譲り受けた約束手形200,000円が不渡りとなり、同店に遡及した。それに要した拒絶証書作成費用3,000円は小切手を振り出して支払った。

  （借）不渡手形 203,000 （貸）受　取　手　形 200,000
              当　座　預　金   3,000

〔設例2〕

　東京商店は、かねて取引銀行で割り引いた手形100,000円が不渡りとなり、遡及に応じて手形金額と諸費用・法定利息の合計101,200円を小切手を振り出して支払った。なお、手形割引の偶発債務については評価勘定を用いて、処理してある。

  （借）割引手形 100,000 （貸）受　取　手　形 100,000
     不渡手形 101,200   当　座　預　金 101,200

4. 手形貸付金と手形借入金

　これまで述べた手形取引とは別に、金銭の貸借について借主が貸主に借用証書に代え、約束手形を振り出す場合がある。このときの手形は、資金を融通するための金融手形であり、したがって、これまでみてきたような商品売買に基づく商業手形と区別するために、手形貸付金勘定、手形借入金勘定を用いて処理を行う。

〔設例〕
① 東京商店は、代々木商店に現金2,000,000円を貸し付け、代々木商店振り出しの約束手形を受け取った。
　　（借）手形貸付金　2,000,000　　　（貸）現　　　金　2,000,000
② 青山商店は、約束手形を振り出して渋谷商店から現金800,000円を借り入れ、ただちに当座預金とした。
　　（借）当 座 預 金　 800,000　　　（貸）手形借入金　　800,000

5. 手形の更改

　手形の支払人が満期日に資金を手当てすることができない場合に、不渡りになることを避けるため、手形の所持人に支払期日の延期を申し出ることがある。所持人がこれを承認すると、支払人は新たな手形を振り出して、旧手形を破棄する。これを手形の更改という。このとき、支払期日の延長に対する利息を現金で支払うか、あるいは利息を含めた額面金額の新手形が振り出される。

〔設例〕
① 東京商店は所有する神田商店振り出しの約束手形500,000円につき、神田商店から手形の更改を求められたので、これに応じ旧手形を破棄して新手形を受け取った。その際、利息として1,000円を現金で受け取った。

（借）受取手形　　500,000　　　（貸）受取手形　　500,000
　　　現　　金　　　1,000　　　　　　受取利息　　　1,000

〔解説〕
借方の受取手形は新手形であり、貸方の受取手形は旧手形である。

② 神田商店は自己振り出しの約束手形500,000円につき、手形所持人である東京商店に手形の更改を求めたところ、承諾を得たので利息1,000円を加算した新手形を旧手形と交換した。

（借）支払手形　　500,000　　　（貸）支払手形　　501,000
　　　支払利息　　　1,000

6. 受取手形記入帳と支払手形記入帳

　総勘定元帳の受取手形や支払手形には手形債権や債務の額が記入されるだけであり、その詳細は不明である。そのため、次のような受取手形記入帳、支払手形記入帳を補助簿として作成して、その管理に役立てるのが通常である。

受 取 手 形 記 入 帳

日付		摘要	手形種類	手形番号	支払人	振出人または裏書人	振出日		満期日		支払場所	金額	てん末		
							月	日	月	日			月	日	摘要
7	3	売上	約	49	目白商店	目白商店	7	3	9	30	関東銀行	200,000			
	10	売掛金	為	25	品川商店	宮崎商店	7	10	8	31	九州銀行	150,000	8	31	入金

（解説）

　　上記の受取手形記入帳から読み取れる取引は、以下に示すとおりである。

7／ 3　（借）受取手形　　200,000　　　（貸）売　　　上　　200,000
　／10　（借）受取手形　　150,000　　　（貸）売　掛　金　　150,000
8／31　（借）当座預金　　150,000　　　（貸）受取手形　　　150,000

支 払 手 形 記 入 帳

日付		摘要	手形種類	手形番号	受取人	振出人	振出日		満期日		支払場所	金額	てん末		
							月	日	月	日			月	日	摘要
7	15	仕　入	約	56	新宿商店	当　店	7	15	8	31	関東銀行	250,000	8	31	支払
	22	買掛金	為	33	岡山商店	渋谷商店	7	22	9	30	四国銀行	400,000			

（解説）

　　上記の支払手形記入帳から読み取れる取引は、以下に示すとおりである。

7／15　（借）仕　　　入　　250,000　　　（貸）支払手形　　　250,000
　／22　（借）買　掛　金　　400,000　　　（貸）支払手形　　　400,000
8／31　（借）支払手形　　　250,000　　　（貸）当座預金　　　250,000

【練習問題 8-1】

次の取引の仕訳を行いなさい。（商品売買取引は三分法による）

(1)　原宿商店より商品300,000円を仕入れ、代金は原宿商店宛ての約束手形を振り出して支払った。

(2)　品川商店へ商品100,000円を売り上げ、代金は同店振り出し、当店宛ての約束手形で受け取った。

(3)　新橋商店へ商品500,000円を売り上げ、代金のうち200,000円は当店宛ての約束手形で受け取り、残額は掛けとした。

(4)　神田商店は、四谷商店に買掛金100,000円を支払うため、かねてから売掛金のある大塚商店宛て四谷商店受け取りの為替手形を振り出した。

(5)　愛知商店は、青山商店へ商品300,000円を売り上げ、代金は同店振り出

し、北海道商店引き受けの為替手形で受け取った。

(6) 鳥取商店は、代々木商店から商品 50,000 円を仕入れ、代金支払いのため同店振り出し、愛媛商店受け取りの為替手形が呈示されたので、これを引き受けた。

(7) 青山商店は、商品売り上げの際に受け取った日本橋商店振り出しの約束手形 300,000 円を銀行で割り引き、割引料を差し引かれた手取り金額を当座預金に預け入れた。なお、割引日数は 73 日、利率は年 8% である。偶発債務の処理については、評価勘定を用いて処理する。

(8) 駒込商店は、大崎商店より商品 200,000 円を仕入れ、代金のうち半分は白金商店振り出し、王子商店引き受けの為替手形を裏書譲渡した。残りの半分は、得意先赤羽商店宛ての為替手形を振り出し、同店の引き受けを得て渡した。偶発債務の処理については、評価勘定を用いて処理する。

(9) 池袋商店は、五反田商店振り出し、本郷商店裏書きの約束手形 50,000 円が不渡りとなったため、本郷商店に手形代金の支払いを請求した。なお、拒絶証書作成費用 2,500 円を現金で支払った。

(10) 大崎商店は、先に振り出した約束手形 100,000 円につき、手形所持人の恵比寿商店に手形の更改を申し出て、承諾を得た。なお、利息 800 円は新手形に含めた。

【練習問題 8-2】

青山商店の次の取引について仕訳を行い、勘定へ転記（日付と金額のみ）して 6 月の合計残高試算表を作成しなさい。下記に示した以外の 6 月中の取引は、各勘定口座にまとめて合計額で記入してある。また、仕入と売上はすべて掛けで行っている。

6/23 ①仕入：50,000 円

②横浜商店に対する買掛金 20,000 円を支払うため、得意先田端商店宛ての為替手形を振り出し、同店の引き受けを得て渡した。

③神田商店の売掛金 30,000 円を同店振り出し、当店宛ての約束手形で回収した。

/25 ①売上：80,000円
　　②千葉商店に対する買掛金30,000円を支払うため、神田商店振り出し、当店宛ての約束手形を裏書譲渡した。
　　③日比谷商店から売掛金20,000円が当座預金に振り込まれた。
/28 ①仕入：40,000円、売上：70,000円
　　②春日部商店に対する買掛金10,000円につき、同店振り出し、虎ノ門商店受け取り、当店宛ての為替手形を引き受けた。
　　③赤坂商店に対する売掛金20,000円を、同店振り出しの小切手で回収した。
/30 ①売上：50,000円
　　②かねてから所有していた日々谷商店振り出し、当店宛ての約束手形30,000円を銀行で割り引き、割引料500円を差し引かれ手取り金は当座預金とした。
　　③春日部商店に対する買掛金20,000円を、同店宛の約束手形を振り出して支払った。

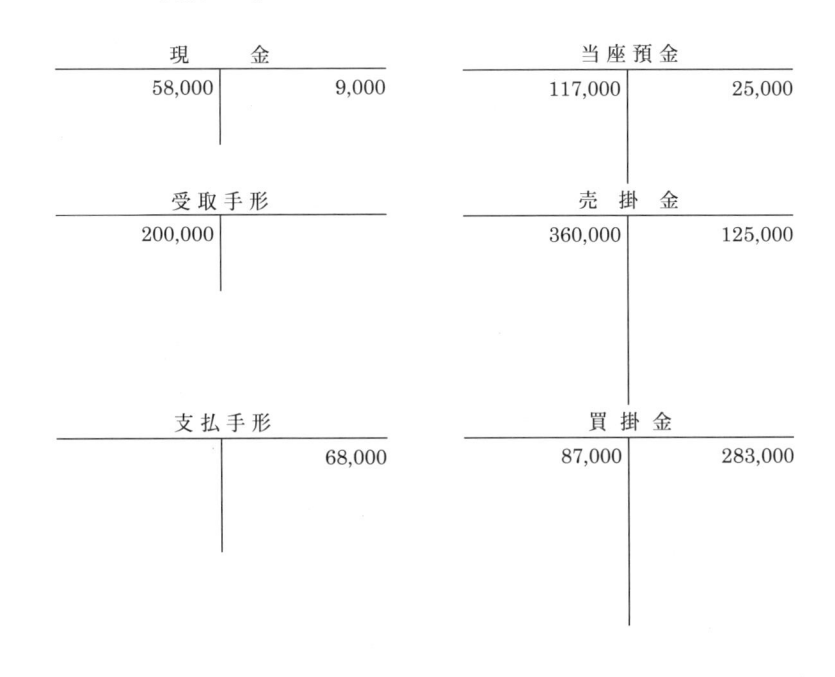

現　　金		当座預金	
58,000	9,000	117,000	25,000

受取手形		売　掛　金	
200,000		360,000	125,000

支払手形		買　掛　金	
	68,000	87,000	283,000

裏書手形			割引手形	
売　　上			仕　　入	
	360,000			283,000

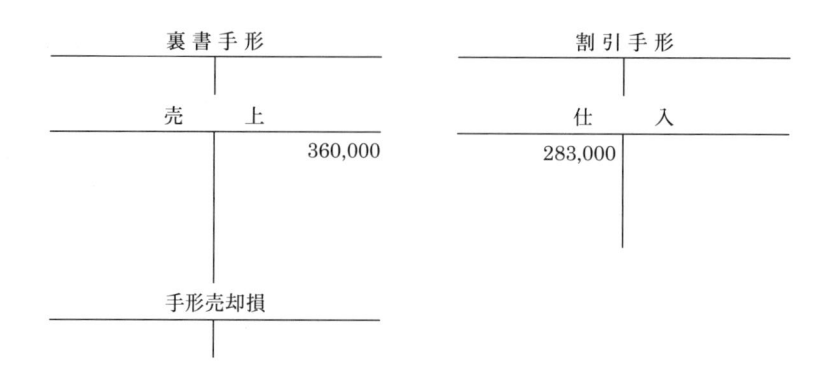

手形売却損	

合　計　残　高　試　算　表
平成2〇年6月30日

借方残高	借方合計	勘定科目	貸方合計	貸方残高
		現　　金		
		当座預金		
		受取手形		
		売　掛　金		
	5,000	繰越商品		
		支払手形		
		買　掛　金		
		裏書手形		
		割引手形		
		資　本　金	300,000	
		売　　上		
		仕　　入		
		受取利息	2,000	
	62,000	給　　料		
		手形売却損		

第 9 章

その他の債権・債務

1. 貸付金と借入金

　金銭の貸借に際して約束手形を交付する場合には、前章の手形取引で述べたように手形貸付金勘定と、手形借入金勘定で処理する。約束手形の代わりに借用証書が授受される場合には、貸付金勘定と、借入金勘定で処理する。この貸付金、借入金のうち返済期日が決算日の翌日から起算して 1 年以内に到来するものは、貸借対照表上、短期貸付金および短期借入金として記載し、返済期限が 1 年を超えるものは、長期貸付金および長期借入金として区別して記載する。また、金銭の貸借に伴って利息が授受される場合には、受け取った側は受取利息勘定を、支払った側は支払利息勘定を用いて処理する。

〔設例〕
① 東京商店は、代々木商店に対して現金 3,000,000 円を貸し付け、借用証書を受け取った。
（東京商店の仕訳）
　　（借）貸　付　金　　3,000,000　　（貸）現　　　金　　3,000,000
（代々木商店の仕訳）
　　（借）現　　　金　　3,000,000　　（貸）借　入　金　　3,000,000

② 東京商店は、代々木商店から貸付金の利息 15,000 円を現金で受け取った。

（東京商店の仕訳）

　　（借）現　　金　　15,000　　　　（貸）受取利息　　15,000

（代々木商店の仕訳）

　　（借）支払利息　　15,000　　　　（貸）現　　金　　15,000

③ 東京商店は、代々木商店に貸し付けていた 3,000,000 円を現金で返済を受けた。

（東京商店の仕訳）

　　（借）現　　金　　3,000,000　　　（貸）貸　付　金　　3,000,000

（代々木商店の仕訳）

　　（借）借　入　金　　3,000,000　　（貸）現　　金　　3,000,000

2. 未収金と未払金

　すでに触れたように、本来の営業活動である商品売買取引に係る債権・債務は、売掛金勘定と買掛金勘定で処理を行った。これに対して、商品売買取引以外の物品の売買などで生じた債権・債務については、未収金勘定と未払金勘定で処理する。例えば、車両を販売し、代金は後日受領するとした場合において、当社が車両販売業を営んでいる場合には、この販売車両は商品である。すなわち、継続的かつ反復性を持つ主たる営業活動から生じた取引であることから売掛金勘定で処理される。しかし、単に自社の営業用として使用していた不用の車両を売却した場合には、主たる営業活動から生じておらず、臨時的であり反復性を持たないために未収金勘定で処理する。

〔設例〕

① 備品 300,000 円を購入し、代金は月末支払うこととした。

　　（借）備　　品　　300,000　　　（貸）未払金　　300,000

② 月末になり備品購入代金300,000円を、小切手を振り出して支払った。
　　（借）未　払　金　　300,000　　　　（貸）当座預金　　300,000
③ 所有していた土地を2,000,000円で売却し、代金は後日受け取ることとした。（土地の帳簿価額は、2,000,000円である。）
　　（借）未　収　金　2,000,000　　　　（貸）土　　　地　2,000,000
④ かねて売却した土地の代金2,000,000円を、小切手で受け取った。
　　（借）現　　　金　2,000,000　　　　（貸）未　収　金　2,000,000

3.　前払金（前渡金）と前受金

　通常、商品にかかる信用取引は、商品の授受が先に行われ、その後に現金の授受が行われる。この商品の授受に先立って代金の全部または一部を内金（予約金）や手付金として授受することがある。このとき、支払った代金を前払金または前渡金、受け取った代金を前受金という。前払金または前渡金は、将来、相手方から商品の引き渡しを請求できる権利を有する債権であり、前受金は、将来、相手方に商品を引き渡さなければならない義務を有する債務である。したがって、後に商品の授受が行われた場合には、それぞれの勘定を取り消す処理が必要である。

〔設例〕
① 東京商店は、御茶ノ水商店に商品500,000円を注文し、内金として小切手で100,000円を振り出して支払った。
（東京商店の仕訳）
　　（借）前　払　金　　100,000　　　　（貸）当座預金　　100,000
（お茶ノ水商店の仕訳）
　　（借）現　　　金　　100,000　　　　（貸）前　受　金　　100,000

② 東京商店は、先に注文をしていた商品500,000円を受け取り、代金は掛けとした。

（東京商店の仕訳）
　　（借）仕　　入　　500,000　　　　（貸）前 払 金　　100,000
　　　　　　　　　　　　　　　　　　　　　　買 掛 金　　400,000

（お茶ノ水商店の仕訳）
　　（借）売 掛 金　　400,000　　　　（貸）売　　上　　500,000
　　　　　前 受 金　　100,000

4. 仮払金と仮受金

　金銭の支払いや受領があっても、その取引の内容や金額が確定していないときは、一時的に仮払金勘定や、仮受金勘定を使用し、後日、内容や金額が確定したときはこれを振り替える処理を行う。

〔設例〕
① 従業員の出張にあたり、旅費交通費概算額100,000円を現金で手渡した。帰社後、報告精算の予定である。
　　（借）仮 払 金　　100,000　　　　（貸）現　　金　　100,000
（解説）
旅費交通費を概算で支払った時点では、金額が未確定であるため仮払金で処理する。

② 出張中の従業員より当座預金に500,000円が入金されたが、内容は不明である。
　　（借）当座預金　　500,000　　　　（貸）仮 受 金　　500,000
（解説）
当座預金が増加したが、その内容が未確定であるため仮受金で処理する。

③ 従業員が出張から戻り、旅費交通費82,400円の報告を受け、残額は現金で受け取った。なお、先の当座預金への入金は、得意先長崎商店に対する売掛金の回収であることが判明した。

（借）旅 費 交 通 費	82,400	（貸）仮　払　金	100,000
現　　　　　金	17,600		
仮　受　　金	500,000	売　掛　金	500,000

（解説）
　旅費交通費の金額と、当座預金の入金内容がこの時点で確定したため、一時的に使用した仮受金勘定や仮払金勘定から、本来使用すべき勘定への振り替えを行う。

5. 立替金と預り金

　従業員や取引先が負担すべき金額を、一時的に立て替えて支払ったときや預かったときは、立替金勘定や預り金勘定で処理する。立替金勘定は、立て替えた相手に対しその返還請求を、あるいはその義務履行を求めることができる資産勘定である。これに対し預り金勘定は、相手方に返還する、あるいは何らかの義務履行を行わなければならない負債勘定である。また、従業員に対する立て替えや預かりと、取引先に対するものとは区別して、従業員立替金勘定や、従業員預り金勘定などを使用する。また、それぞれの性質に応じて、所得税預り金、保険料預り金などの勘定を用いて処理する。

〔設例〕
① 新宿商店から掛けで仕入れた商品500,000円を品質不良のため返品した。その際、先方が負担すべき運賃2,100円を現金で支払った。

（借）買　掛　金	500,000	（貸）仕　　　入	500,000
立　替　金	2,100	現　　　金	2,100

② 従業員に給料の前払いとして、現金 50,000 円を支払った。

（借）立　替　金　　50,000　　　（貸）現　　　金　　50,000

（解説）

立替金勘定は、従業員立替金勘定を使用してもよい。

③ 従業員に給料 400,000 円を支給するにあたり、所得税の源泉徴収分 32,000 円と立替金 50,000 円を差し引き、残額を現金で支払った。

（借）給　　　料　　400,000　　（貸）立　替　金　　50,000
　　　　　　　　　　　　　　　　　　預　り　金　　32,000
　　　　　　　　　　　　　　　　　　現　　　金　　318,000

（解説）

預り金勘定は所得税預り金勘定や、従業員預り金勘定を使用してもよい。

6.　商品券と他店商品券

　デパート、スーパーなどが商品券を発行した場合には、将来、その商品券の所有者に券面相当額の商品を引き渡すべき債務が発生したことを示す、商品券勘定を使用して処理する。実際に商品券が呈示されて、商品を引き渡したとき、この債務が履行されたものとして消滅する処理を行う。

　また、デパート共通商品券など他店が発行した商品券が呈示されて、商品を引き渡したときは、その商品券を発行した他店に商品券を買い取り請求できる債権を表す、他店商品券勘定で処理をする。

〔設例〕

① 商品券 30,000 円を現金で販売した。

（借）現　　　金　　30,000　　　（貸）商　品　券　　30,000

② 商品45,000円を販売し、商品券50,000円を受け取りおつりは現金で戻した。

（借）商 品 券　　50,000　　（貸）売　　　上　　45,000
　　　　　　　　　　　　　　　　　　現　　　金　　 5,000

③ 商品60,000円を販売し、他店で発行した商品券40,000円と現金20,000円を受け取った。

（借）他店商品券　　40,000　　（貸）売　　　上　　60,000
　　　現　　　金　　20,000

④ 当社が所有している他店商品券40,000円と、他社が所有している当社の商品券50,000円とを交換し、差額を現金で支払った。

（借）商 品 券　　50,000　　（貸）他店商品券　　40,000
　　　　　　　　　　　　　　　　　　現　　　金　　10,000

（解説）
債権である他店商品券と、債務である自社発行の商品券を相殺消去する。なお、過不足分については、現金の授受が行われる。

【練習問題9-1】

次の取引を仕訳しなさい。

(1) 新宿商店に現金500,000円を貸し付け、借用証書を受け取った。
(2) 新宿商店から貸付金500,000円の返済にあたり、その利息1,500円とあわせて小切手で受け取った。
(3) 渋谷商店から商品代金の内金として、現金50,000円を受け取った。
(4) 商品が入荷したので、渋谷商店に商品200,000円を売り上げた。代金のうち50,000円は先に受け取った内金で相殺し、残額は渋谷商店振り出し、当店宛ての約束手形を受け取った。
(5) 駒込商店に商品100,000円を売上げ、代金は掛けとした。なお、駒込商店が負担すべき商品の引取費用1,000円を、現金で立て替えて支払った。

第10章

固定資産取引

1. 固定資産の意義と分類

　固定資産とは、企業の営業活動のために長期間使用することを目的として所有する資産をいい、有形固定資産、無形固定資産、投資その他の資産に分類される。有形固定資産は、建物及び付属設備、構築物、機械装置、船舶、車両運搬具、工具器具備品、土地、建設仮勘定等がある。また、無形固定資産には企業が所有することによって独占的に長期的な収益をもたらす法律上の権利である特許権、借地権、商標権、実用新案権、意匠権、鉱業権、漁業権や、経済上の権利であるのれんがある。さらに、投資その他の資産は、満期日まで保有する目的の満期保有目的債権、他の会社を支配する目的で保有する子会社株式、関連会社株式、返済期日が貸借対照表日から起算して1年を超える長期貸付金等がある。

2. 固定資産の取得

　固定資産を購入によって取得した場合には、購入代金に買入手数料、運送費、据付費、試運転費用、建物の登記料や仲介手数料、土地の整地費用等の付随費用を加算した金額をもって取得原価とする。なお、購入の際に値引き、あるいは割戻しを受けたときは購入代金から控除する。また、自社で建設したり製作した場合には、建設等に要した費用および事業の用に供するまでの費用の

総額をもって取得原価とする。

〔設例〕
① 東京商店は、建物 5,000,000 円を購入し、代金は登記費用および仲介手数料の合計額 150,000 円とともに翌月末に支払うこととした。
　（借）建　　　物　　5,150,000　　（貸）未　払　金　　5,150,000
② 東京商店は、営業用のトラック 1,200,000 円を購入し、付随費用 35,000 円とともに小切手を振り出して支払った。
　（借）車両運搬具　　1,235,000　　（貸）当座預金　　1,235,000
③ 倉庫用の土地を 10,000,000 円で購入し、整地費用 500,000 円とともに小切手を振り出して支払い、登記費用 60,000 は、現金で支払った。
　（借）土　　　地　　10,560,000　　（貸）当座預金　　10,500,000
　　　　　　　　　　　　　　　　　　　　　現　　金　　　　60,000
④ 東京商店は、特許権を 4,000,000 円で購入し、小切手を振り出して支払った。
　（借）特　許　権　　4,000,000　　（貸）当座預金　　4,000,000

3. 固定資産の除却と売却

　使用する有形固定資産の耐用年数の到来やその他の理由により、事業の用に供することを中止して有形固定資産勘定から除外する場合は、固定資産の金額を合理的に見積もった処分可能価額をもって貯蔵品勘定へと振り替える。そして、この除却した際の処分可能価額と帳簿価額との差額は、固定資産除却損益勘定で処理する。また、使用する有形固定資産を売却した場合には、有形固定資産の帳簿価額と売却価額との差額を固定資産売却損益として処理する。
　なお、有形固定資産の除却と売却を学習するには、第 14 章　決算（Ⅱ）減価償却を理解する必要があるため、この点を理解した後、再度、本項目の確認をされたい。

〔設例〕
① 取得原価2,000,000円、減価償却累計額1,800,000円の機械装置が使用不可能となったため除却した。なお、減価償却の記帳方法は、間接法によっている。除却した機械装置の処分可能価額は100,000円と見積もられる。

　　（借）減価償却累計額　1,800,000　　（貸）機 械 装 置　2,000,000
　　　　　貯　蔵　品　　　　100,000
　　　　　固定資産除却損　　100,000

② 取得原価50,000円、既償却額28,000円の備品を、30,000円で売却し、代金は現金で受け取った。なお、減価償却の記帳方法は直接法によっている。

　　（借）現　　　　金　　　 30,000　　（貸）備　　　品　　　22,000
　　　　　　　　　　　　　　　　　　　　　　　固定資産売却益　　8,000

【練習問題10-1】
次の一連の取引を仕訳しなさい。
(1) 青山商店は、本社建設のため土地を購入し、代金10,000,000円のほかに仲介手数料300,000円と登記費用50,000円をあわせて小切手で支払った。
(2) (1)の土地に本社建物8,000,000円を建設し、代金のうち半分は小切手で支払い、残額は翌月末に支払うこととした。
(3) 機械装置1,000,000円を購入し、据付費50,000円、試運転費用60,000円をあわせて現金で支払った。
(4) 当期首に、かねて使用していた本社建物（取得原価4,000,000円、減価償却累計額2,700,000円）が不要となったため、2,500,000円で売却し、代金は来月末受け取ることとした。なお、減価償却の記帳方法は、間接法によっている。
(5) 営業用車両300,000円を購入し、諸経費30,000円とあわせて現金で支払った。

第11章
有価証券取引

1. 有価証券の分類

有価証券とは、株券、社債権、国債、地方債、投資信託や貸付信託の受益証券等をいい、その有価証券の保有目的等の観点から以下の4つに分類される。

	使用する勘定科目名	保有目的
(1)	売買目的有価証券または有価証券	時価の変動により利益を得ることを目的として保有する有価証券
(2)	満期保有目的債権または投資有価証券	企業があらかじめ定められた満期日まで保有することを目的として保有する社債その他の債権
(3)	子会社株式および関連会社株式	他の会社の支配を目的として，および取引先との関係強化等を目的として，それぞれ一定割合以上を保有する株式
(4)	その他有価証券	(1)から(3)のいずれにも属さない有価証券

2. 有価証券の購入と売却

　有価証券を購入した場合には、購入代価に売買手数料などの付随費用を加算した金額をもって取得原価とする。同一銘柄を数度にわたり取得し、そのつど購入単価が異なるときは、平均原価法等を用いて当該銘柄の単価を算定する。また、公社債の購入にあたり、直前の利払い日の翌日から取得日までの期間に対応する端数利息を支払ったときは、これを取得原価に含めないで有価証券利

息勘定で処理する。さらに、所有している有価証券を売却し、売却価額が帳簿価額を上回るときは、その差額を有価証券売却益として、反対に、下回るときは有価証券売却損として計上する処理を行う。

3. 配当・利息の受け取り

所有する有価証券につき、株式の発行会社から配当を受領したとき、あるいは公社債の発行者から利息を受領したときは、受取配当金勘定または、有価証券利息勘定で処理を行う。なお、配当金領収書、支払い期日の到来した公社債の利札は、簿記上の現金として取り扱うことに留意されたい（第7章を参照）。

〔設例1〕
① 東京商店は、売買目的でA社の株式10,000株を1株当たり500円で購入し、代金は購入手数料15,000円とともに、小切手を振り出して支払った。

（借）売買目的有価証券　5,015,000※　　（貸）当座預金　5,015,000

※ 10,000株×500円＋15,000円＝5,015,000円

② 東京商店は、売買目的で利付国債（額面総額1,000,000円）を額面100円につき97円で購入し、代金は購入手数料7,000円と端数利息20,000円とともに、現金で支払った。

（借）売買目的有価証券　　977,000※　　（貸）現　　　金　997,000
　　　有価証券利息　　　　 20,000

※ $1,000,000 円 \times \dfrac{97 円}{100 円} + 7,000 円 = 977,000 円$

③ 上記①のA社株式5,000株を1株当たり450円で追加購入し、代金は購入手数料10,000円とともに小切手を振り出して支払った。

（借）売買目的有価証券　2,260,000　　（貸）当座預金　2,260,000

〔設例2〕

① 東京商店は、上記のA社株式を1株当たり550円で8,000株売却し、代金は月末受け取ることとした。当社は株式の記帳は平均原価法によっている。

（借）未　収　金　4,400,000　　（貸）売買目的有価証券　3,880,000※
　　　　　　　　　　　　　　　　　　有価証券売却益　　　520,000

※ $\dfrac{5,015,000 円 + 2,260,000 円}{10,000 株 + 5,000 株} \times 8,000 株 = 3,880,000 円$

② 上記の利付国債につき、30,000円の利払い期日が到来した。

（借）現　　　　金　　30,000　　（貸）有価証券利息　　30,000

③ 上記のA社株式につき、配当金領収書10,000円を受領した。

（借）現　　　　金　　10,000　　（貸）受 取 配 当 金　10,000

〔設例3〕

満期まで保有する目的で、山形株式会社の社債（期間5年　利率年4％　利払日6月と12月）を100円につき、95円で額面総額1,000,000円を購入し、代金は売買手数料15,000円とともに小切手を振り出して支払った。

（借）満期保有目的債権※　965,000　　（貸）当 座 預 金　965,000
※投資有価証券でもよい。

$1,000,000 円 \times \dfrac{95 円}{100 円} + 15,000 円 = 965,000 円$

【研究】有価証券の差入れと預り、貸し付けと借入れ

資金調達や保証金の担保として、手持ちの有価証券を預ける場合がある。その際、債務が履行されれば、預けた有価証券は返却されるために所有権の移転を伴わない。したがって、簿記上の仕訳を行う必要はないが、手持ちの有価証券と区別し、備忘記録をしておくことが必要である。有価証券を預けたときは、差入有価証券勘定の借方と、有価証券勘定の貸方に、それぞれ帳簿価額をもって記入する。反対に、有価証券を預かったときは、保管有価証券勘定の借方と、預り有価証券勘定の貸方に、それぞれ時価をもって記入する。

また、取引先から有価証券を借用し、この有価証券を金融機関等に担保として差し入れたり、売却することによって資金を調達する方法がある。このように有価証券を借り入れたときは、当該企業の有価証券と区分するため、保管有価証券勘定の借方と、借入有価証券勘定の貸方に時価もって記入する。さらに、この有価証券が差し入れられたときは、差入保管有価証券（または、差入有価証券勘定）勘定に振り替える処理を行う。反対に、貸し付けたときは、有価証券勘定の貸方から貸付有価証券勘定の借方に、帳簿価額をもって振り替える処理を行う。

〔設例〕
① 青山商店は、得意先広島商店へ現金 1,000,000 円を貸し付けた。その際、担保として広島商店が売買目的で保有する有価証券（帳簿価額：980,000 円、時価：1,100,000 円）を預かった。
（青山商店の仕訳）
　　（借）貸　付　金　　1,000,000　　（貸）現　　　　　金　1,000,000
　　　　　保管有価証券　1,100,000　　　　　預 り 有 価 証 券　1,100,000
（広島商店の仕訳）
　　（借）現　　　　金　1,000,000　　（貸）借　　入　　金　1,000,000
　　　　　差入有価証券　　980,000　　　　　売買目的有価証券　　980,000
② 大崎商店は、売買目的で所有する有価証券（帳簿価額：400,000 円、時価：500,000 円）を、青森商店へ貸し付けた。
（大崎商店の仕訳）
　　（借）貸付有価証券　　400,000　　（貸）売買目的有価証券　400,000
（青森商店）
　　（借）保管有価証券　　500,000　　（貸）借 入 有 価 証 券　500,000

【練習問題 11-1】

次の有価証券にかかる一連の取引について、仕訳しなさい。

(1) 青山商店は、売買目的で B 社株式 6,000 株を 1 株当たり 1,000 円で購入し、代金は購入手数料 30,000 円とともに月末に支払うこととした。

(2) 青山商店は、満期日まで保有する目的で C 社発行の社債（額面総額 200,000 円）を額面 100 円につき 97.5 円で購入し、購入手数料 3,000 円、端数利息 4,000 円とともに小切手を振り出して支払った。

(3) 青山商店は、先に買い入れた B 社株式 6,000 株のうち、4,000 株を 1 株当たり 980 円で売却し、売却代金を当座預金に入金した。

第12章

個人企業の資本取引

1. 資本金勘定

　一般に広く出資を募る法人企業とは異なって、個人企業はその開業にあたる出資は企業主自身が行う。それゆえ、企業主の個人的な家事費の支払いに商品や現金を使用して出資金を引き出す場合がある。そうであれば、このとき企業は資本（純資産）が減少する処理を行わなければならない。また、企業主が資本を追加元入れすれば、出資金が増加する。このとき企業は資本（純資産）が増加する処理を必要とする。

　このほかに資本金を増減させる場合として、決算時に計上される当期純損益がある。企業活動の結果である利益や損失は最終的には企業主個人に帰属するため、利益を獲得した場合には企業主が追加元入れしたとして資本金勘定に加算し、損失を計上した場合には資本金勘定から減算する。

〔設例〕
① 吉田三郎は、現金 1,000,000 円と土地 2,000,000 円を元入れして事業を開始した。

　　（借）現　　　金　　1,000,000　　　（貸）資　本　金　　3,000,000
　　　　　土　　　地　　2,000,000

② 私用で店の現金 50,000 円を使用した。

　　（借）資　本　金　　　50,000　　　（貸）現　　　金　　　50,000

③ 現金 30,000 円を返済した。
(借) 現　　金　　30,000　　　(貸) 資 本 金　　30,000
④ 当期決算に際し、純利益 60,000 円を資本金に振り替えた。
(借) 損　　益　　60,000　　　(貸) 資 本 金　　60,000

	資本金	
②現金　50,000	①諸口　3,000,000	
	③現金　　30,000	
	④損益　　60,000	

2. 引出金勘定

　企業主の個人的な引出しが頻繁に行われる場合や、企業の諸費用を企業主が立て替えて支払った場合は、1.でみたようにそのつど資本金勘定に記録するのでは資本金勘定が複雑になるとともに、企業主の引出状況を確認しにくい。そこで、資本金の増減を処理する方法として、別途に引出金勘定を使用して集計しておく方法がある。この処理を行った場合には、期末決算時において引出金勘定の合計額を資本金勘定に振り替える処理が必要となる。

〔設例〕
① 企業主が私用のため、現金 50,000 円を引き出した。
(借) 引 出 金　　50,000　　　(貸) 現　　金　　50,000
② 企業主が会社の電気料金 32,000 円を立て替えて支払った。
(借) 水道光熱費　32,000　　　(貸) 引 出 金　　32,000
③ 決算に際し、引出金勘定を資本金勘定に振り替えた。
(借) 資 本 金　　18,000　　　(貸) 引 出 金　　18,000

引出金		資本金	
①現　金　50,000	②水道光熱費　32,000	③引 出 金　18,000	前期繰越　100,000
	③資 本 金　18,000		

【練習問題 12-1】

次の一連の取引について、資本金勘定で処理する方法と引出金勘定で処理する方法それぞれについて、仕訳を行いなさい。

(1) 現金 1,000,000 円を元入れして青山商店を開業した。
(2) 企業主が現金 50,000 円を私用で引き出した。
(3) 企業主が支払った電話料金 50,000 円のうち、35,000 円は店舗で使用したものである。
(4) 決算に際し、当期純利益 70,000 円を資本金勘定に振り替えた。
　なお、引出金勘定を使用している場合には、合計額を資本金勘定に振り替える処理もあわせて行う。

第13章

決 算（Ⅰ）

1. 決算の手順

　前章まで企業の日常行われる経営活動に基づいて発生する取引を、いかに処理するかについて述べてきたが、この章以降では、これまでの経営活動を記録してきた帳簿を締め切り、一会計期間ごとに財務諸表を作成するための一連の手続きについて学習する。

　決算は期末の元帳残高を基礎として行われるが、そのままの勘定科目や金額を移しただけでは、適正な純損益や財政状態を示すことができない。例えば、1月1日から12月31日までを一会計期間とする企業が、その会計期間の途中の4月1日から月額10,000円で建物を賃借し、向こう1年間の家賃120,000円を支払った場合、支払家賃勘定に記入されている金額は、120,000円である。しかしながら、その会計期間における家賃の実際発生額は、4月1日から12月31日までの9か月分の90,000円である。そのため、期末における決算で支払家賃120,000円を90,000円に修正しなければならない。この修正手続きを決算整理、決算整理を必要とする事柄を決算整理事項、そのための仕訳を

```
決算予備手続き        決算本手続き              財務諸表の作成
・試算表の作成        ・収益・費用勘定の振替      ・損益計算書
・棚卸表の作成        ・資産・負債・資本（純       ・貸借対照表
・決算整理仕訳          資産）勘定の振替
・精算表の作成        ・元帳の締切
```

決算整理仕訳、その記入を決算整理記入と、それぞれ呼ぶ。決算が行われる手順は以下に示すとおりである。

(1) 決算予備手続き（試算表の作成まで）
① 総勘定元帳の各勘定への転記が正確に行われたかを確認するため、試算表（試算表の形式については、第5章を参照のこと）を作成する。
② 総勘定元帳の各勘定の記録が正確であることを確認した後は、実際有高と一致するかを確認するため、棚卸表を作成する。この棚卸表は、各企業が行うべき決算整理を決定する一覧表であるため、形式に特に定めはない。
③ 試算表に基づき精算表を作成する。

(2) 決算本手続き
① 総勘定元帳の収益勘定と費用勘定を集計し、当期純損益を確定して締め切る。
② 総勘定元帳の資産・負債・資本（純資産）の各勘定を集計して締め切る。
③ 損益計算書、貸借対照表を作成する。

2. 精 算 表

すでに述べたように、精算表は決算本手続きに先立って、決算を行うために手続きが適正に行われたかどうかを検証し、貸借対照表や損益計算書を作成するための準備としてだけでなく、早期に経営成果を把握することを目的としている。その形式は、残高試算表欄、貸借対照表欄、損益計算書欄を備えた6桁精算表、この6桁精算表に修正記入欄を加えた8桁精算表、さらに8桁精算表に整理後記入欄を加えた10桁精算表などがあるが、本書では、検定試験にも頻繁に使用される8桁精算表について次ページに作成例を示した。なお、具体的な作成方法は、第15章で述べる。

精　算　表

勘定科目	残高試算表 借方	残高試算表 貸方	修正記入 借方	修正記入 貸方	損益計算書 借方	損益計算書 貸方	貸借対照表 借方	貸借対照表 貸方
現　　　　金	1,300						1,300	
当 座 預 金	800						800	
売　掛　金	1,500						1,500	
繰 越 商 品	50		80	50			80	
備　　　　品	1,000						1,000	
買　掛　金		600						600
借　入　金		400						400
貸倒引当金		10		20				30
減価償却累計額		180		180				360
資　本　金		3,000						3,000
売　　　　上		2,800				2,800		
受 取 利 息		10				10		
仕　　　　入	1,700		50	80	1,670			
給　　　　料	600				600			
消 耗 品 費	40			15	25			
支 払 利 息	10		10		20			
	7,000	7,000						
貸倒引当金繰入			20		20			
減 価 償 却 費			180		180			
消　耗　品			15				15	
未 払 利 息				10				10
当 期 純 利 益					295			295
			355	355	2,810	2,810	4,695	4,695

※当期純利益は朱書きする。

3. 主な決算整理事項

決算整理事項は、各企業によって様々であるが特に主要なものは、以下に示すとおりである。
(1) 売上総利益、売上原価の算定
(2) 棚卸資産の評価
(3) 現金過不足の処理
(4) 消耗品の処理
(5) 貸倒引当金の計上
(6) 減価償却費の計上
(7) 有価証券の評価
(8) 損益の繰り延べと見越し

4. 売上総利益、売上原価の算定

　小売業などの商品売買を主たる事業とする企業にあっては、他社から商品を仕入れ、これを他社あるいは一般消費者に売り上げることによって利益を獲得する。その会計処理は三分法によって通常行われていることは、すでに第6章に記述したとおりである。
　このとき、一会計期間における商品の販売益すなわち、売上総利益（損失の場合は売上総損失）は次のような算式で求められる。

純売上高−売上原価＝売上総利益

　売上原価とは、一会計期間に販売した商品の原価をいう。その計算方法は、まず、当会計期間の期首に前期に売れずに残った（前期から繰り越された）商品に、当期に仕入れた商品原価を加え、そこから当会計期間の期末に売れずに残った（次期以降へと繰り越される）商品を差し引くことで求められる。

期首商品棚卸高＋当期商品純仕入高−期末商品棚卸高＝売上原価

例えば、期首に前期から繰り越された商品が20円、当期に仕入れた商品が1,000円、期末に売れずに残った商品が50円とすれば、当期の売り上げに対する売上原価は、20円＋1,000円－50円＝970円である。ちなみに、このときの売上高を1,500円と仮定すれば、売上総利益は1,500円－970円＝530円である。

この売上原価を算定するための決算整理仕訳を、行う方法については、次の2つがある。

（1）仕入勘定で売上原価を算定する方法

仕入勘定において、期首商品棚卸高を加算し、期末商品棚卸高を減算する処理を行うために、以下の振替仕訳を行う方法である。

期首商品棚卸高の金額 ⇨ （借）仕　　入　×××　（貸）繰越商品　×××
期末商品棚卸高の金額 ⇨ （借）繰越商品　×××　（貸）仕　　入　×××

前述の例によりその具体例を示すと以下のとおりとなる。

① （借）仕　　入　　20　　（貸）繰越商品　　20
② （借）繰越商品　　50　　（貸）仕　　入　　50

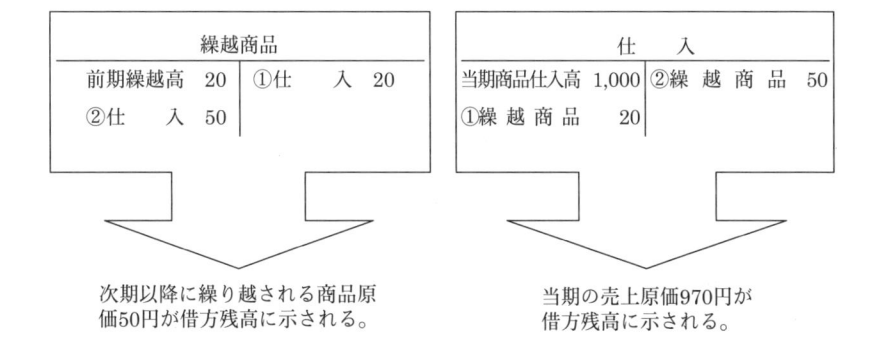

	繰越商品	
前期繰越高	20	①仕　　入　20
②仕　　入	50	

	仕　　入	
当期商品仕入高	1,000	②繰越商品　50
①繰越商品	20	

次期以降に繰り越される商品原価50円が借方残高に示される。

当期の売上原価970円が借方残高に示される。

この仕訳を行うことによって、仕入勘定で（期首商品棚卸高＋当期商品仕入高－期末商品棚卸高）の計算処理を行っていることとなる。一方、繰越商品残高は次期以降に繰り越される商品原価を示すこととなる。精算表（一部）の修正記入欄への記入を示せば、次のとおりである。

精　算　表

勘定科目	残高試算表 借方	残高試算表 貸方	修正記入 借方	修正記入 貸方	損益計算書 借方	損益計算書 貸方	貸借対照表 借方	貸借対照表 貸方
繰越商品	20		50	20			50	
仕　入	1,000		20	50	970			

（2）売上原価勘定を設定して、売上原価を算出する方法

（1）では、仕入勘定において（期首商品棚卸高＋当期商品仕入高－期末商品棚卸高）を計算する仕訳を行ったが、（2）は、別途に売上原価勘定を設定して同様の計算をする方法である。そのために、以下の振替仕訳を行う。

```
期首商品棚卸高の振替 ⇒ （借）売上原価    ×××    （貸）繰越商品    ×××
当期商品仕入高の振替 ⇒ （借）売上原価    ×××    （貸）仕　　入    ×××
期末商品棚卸高の振替 ⇒ （借）繰越商品    ×××    （貸）売上原価    ×××
```

前述の例によりその具体例を示せば以下のとおりとなる。

① （借）売上原価　　20　　（貸）繰越商品　　20
② （借）売上原価　1,000　　（貸）仕　　入　1,000
③ （借）繰越商品　　50　　（貸）売上原価　　50

第13章 決算（Ⅰ） 101

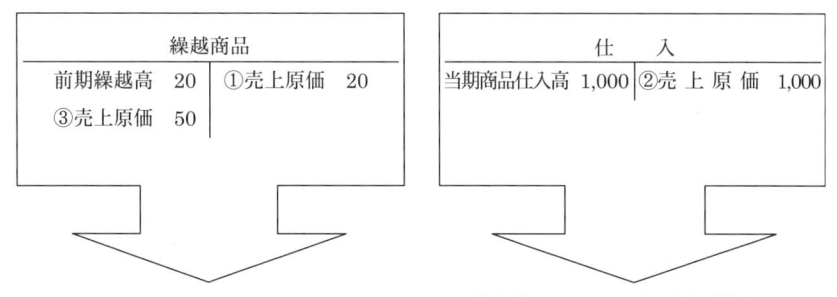

```
          繰越商品
前期繰越高  20  │ ①売上原価  20
③売上原価   50  │
```

```
           仕  入
当期商品仕入高 1,000 │ ②売上原価 1,000
```

次期以降に繰り越される商品原価50円が借方残高に示される。

仕入勘定はすべて売上原価勘定へと振り替えられる。

```
           売上原価
①繰越商品     20 │ ③繰越商品   50
②仕   入  1,000 │
```

当期の売上原価970円が借方残高に示される。

精 算 表

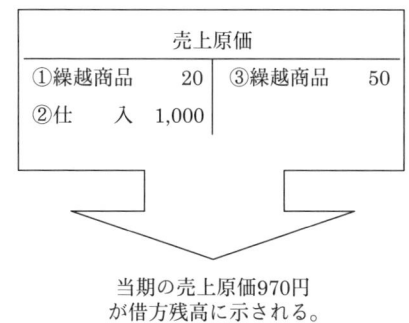

勘定科目	残高試算表 借方	残高試算表 貸方	修正記入 借方	修正記入 貸方	損益計算書 借方	損益計算書 貸方	貸借対照表 借方	貸借対照表 貸方
繰越商品	20		50	20			50	
仕 入	1,000			1,000				
売上原価			20	50	970			
			1,000					

【練習問題 13-1】

(1) 次の資料に基づき、仕入勘定で売上原価を算定する方法による決算整理仕訳を行い、精算表（一部）を完成しなさい。

期末商品棚卸高：450 円

```
         繰越商品                         仕      入
前期繰越高   800              当期商品仕入高   5,600
```

精　算　表

勘定科目	残高試算表		修正記入		損益計算書		貸借対照表	
	借　方	貸　方	借　方	貸　方	借　方	貸　方	借　方	貸　方
繰越商品	800							
仕　　入	5,600							

(2) 次の資料に基づき、売上原価勘定を設定して売上原価を算定する方法による決算整理仕訳を行い、精算表（一部）を完成しなさい。

期末商品棚卸高：3,000 円

```
         繰越商品                         仕      入
前期繰越高  2,000             当期商品仕入高  83,000

         売上原価
```

精 算 表

勘定科目	残高試算表 借方	残高試算表 貸方	修正記入 借方	修正記入 貸方	損益計算書 借方	損益計算書 貸方	貸借対照表 借方	貸借対照表 貸方
繰越商品	2,000							
仕入	83,000							
売上原価								

5. 棚卸資産の評価

　通常の販売目的で保有する棚卸資産は、取得原価をもって貸借対照表価額とするが、期末における時価が取得原価よりも下落している場合には、時価をもって貸借対照表価額とする。このとき、取得原価と時価との差額は、棚卸資産評価損として計上する。

〔設例〕
　当期末（平成21年12月31日）の棚卸商品の取得原価は20,000円であるが、時価が15,000円に下落しているため評価損を計上する。
　　　（借）棚卸資産評価損　　5,000　　　（貸）繰越商品　　5,000

6. 現金過不足の処理

　第7章で取り扱った期中に生じた現金過不足勘定は、実際有高と帳簿残高の金額の不一致をその原因が判明するまで一時的に処理しておく仮の勘定であった。したがって、その原因が判明したときは適切な勘定科目に振り替える処理を行った。そこで、期末になって原因が判明したときにも適切な勘定科目に振り替える処理を行う必要がある一方で、原因が判明しないときは、現金過不足勘定のまま次期に繰り越すことは、その会計期間における適正な損益計算の観点から不適当である。そこで、原因が判明しなかった現金過不足については、雑損勘定または雑益勘定のいずれかに振り替える処理を行う。

〔設例〕
　当期の11月30日に、帳簿残高300円と実際有高250円の不一致を現金過不足勘定で処理しておいたが、当期末の12月31日になって、30円は切手を購入していた際の記帳漏れと判明した。しかし、残額についてはその原因が判明しないため、雑損勘定に振り替えた。決算整理仕訳とその修正記入は次のようになる。

　　（借）通　信　費　　30　　　（貸）現金過不足　　50
　　　　　雑　　　損　　20

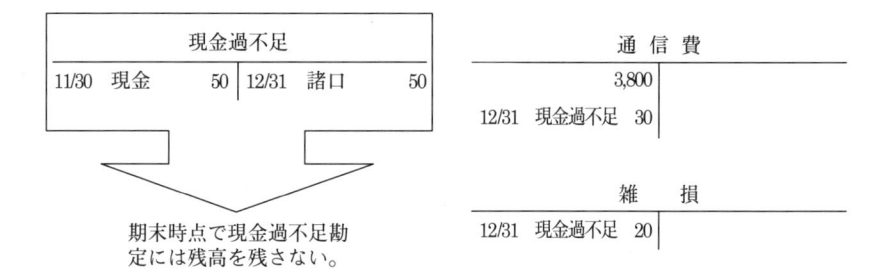

	現金過不足		
11/30 現金　50	12/31 諸口　50

期末時点で現金過不足勘定には残高を残さない。

	通　信　費
	3,800
12/31 現金過不足　30	

	雑　　損
12/31 現金過不足　20	

第13章 決算（I）　105

精　算　表

勘定科目	残高試算表 借方	残高試算表 貸方	修正記入 借方	修正記入 貸方	損益計算書 借方	損益計算書 貸方	貸借対照表 借方	貸借対照表 貸方
現金過不足	50			50				
通 信 費	3,800		30		3,830			
雑　損			20		20			

【練習問題 13-2】

　かねて処理しておいた現金過不足勘定800円は、当期末の12月31日に通信費230円、交通費950円、受取手数料600円の記帳漏れと判明したが、残額については原因が判明しなかったためこれを処理した。決算整理仕訳と、修正記入を行って、精算表（一部）を完成しなさい。

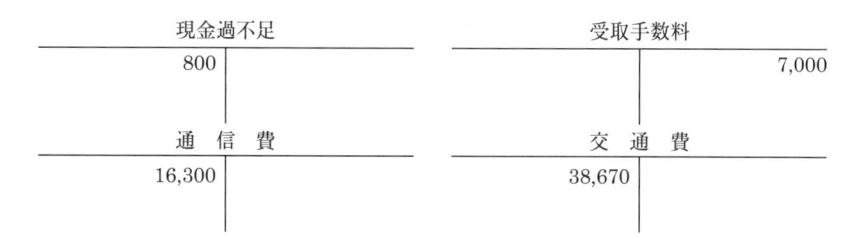

```
      現金過不足                  受取手数料
         800  │                      │   7,000

        通 信 費                    交 通 費
      16,300  │                 38,670  │
```

精　算　表

勘定科目	残高試算表 借方	残高試算表 貸方	修正記入 借方	修正記入 貸方	損益計算書 借方	損益計算書 貸方	貸借対照表 借方	貸借対照表 貸方
現金過不足	800							
通 信 費	16,300							
交 通 費	38,670							
受取手数料		7,000						
雑 （　）								

7. 消耗品の処理

企業が、期中にコピー用紙や筆記用具等の事務用消耗品を購入し、その金額を資産勘定である消耗品勘定で処理していた場合には、決算において、その未消費残高を調査し、帳簿残高との差額を消耗品費勘定に振り替える処理を行う。また、別の方法として、消耗品が早期に使用されることを考慮し、購入と同時に消耗品費勘定を使用して費用処理を行っていた場合には、決算に際しては未消費残高を消耗品勘定に振り替えて、次期に繰り越す処理を行う。

(1) 購入時に消耗品勘定で処理していた場合

① 期中の10月3日に事務用封筒3,000円を現金で購入した。
　　（借）消耗品　　3,000　　（貸）現　　金　　3,000
② 決算に際して、未消費残高を調査したところ200円であった。
　　（借）消耗品費　※2,800　　（貸）消耗品　　2,800
　　※ 3,000円－200円＝2,800円

```
          消 耗 品                      消 耗 品 費
①現　金 3,000 │②消耗品費 2,800   ②消 耗 品 2,800 │
```

精 算 表

勘定科目	残高試算表		修正記入		損益計算書		貸借対照表	
	借方	貸方	借方	貸方	借方	貸方	借方	貸方
消 耗 品	3,000			2,800			200	
消耗品費			2,800		2,800			

（2） 購入時に消耗品費勘定で処理していた場合

① 期中の10月3日に事務用封筒3,000円を現金で購入した。

（借）消耗品費　　3,000　　（貸）現　　金　　3,000

② 決算に際して、未消費残高を調査したところ200円であった。

（借）消　耗　品　　200　　（貸）消耗品費　　　200

消耗品	
②消耗品費　200	

消耗品費	
①現　金　3,000	②消耗品　　200

精 算 表

勘定科目	残高試算表 借方	残高試算表 貸方	修正記入 借方	修正記入 貸方	損益計算書 借方	損益計算書 貸方	貸借対照表 借方	貸借対照表 貸方
消耗品費	3,000			200	2,800			
消　耗　品			200				200	

【練習問題 13-3】

決算につき、消耗品の未消費残高を調査したところ、1,250円であった。(1)消耗品勘定で処理していた場合 (2)消耗品費勘定で処理していた場合のそれぞれの決算整理仕訳を行って、精算表（一部）に記入しなさい。

（1） 消耗品勘定で処理していた場合

精 算 表

勘定科目	残高試算表 借方	残高試算表 貸方	修正記入 借方	修正記入 貸方	損益計算書 借方	損益計算書 貸方	貸借対照表 借方	貸借対照表 貸方
消 耗 品	10,000							
消耗品費								

（2） 消耗品費勘定で処理していた場合

<u>精　算　表</u>

勘定科目	残高試算表		修正記入		損益計算書		貸借対照表	
	借　方	貸　方	借　方	貸　方	借　方	貸　方	借　方	貸　方
消耗品費	10,000							
消 耗 品								

第14章
決　算（Ⅱ）

1. 貸倒引当金

（1）貸倒損失の処理（期中取引）

　売掛金、受取手形、貸付金などの金銭債権は、得意先の営業不振や倒産などの理由から、回収できない可能性がある。このような金銭債権の全額またはその一部が回収不能となることを貸倒れという。貸倒れが生じた場合には、その回収不能額を貸倒損失勘定（費用）を用いて処理を行う。

〔設例〕
　得意先の名古屋商店が倒産し、同店に対する売掛金200,000円が回収不能となった。

　　　（借）貸倒損失　　200,000　　　　（貸）売　掛　金　　200,000

（2）貸倒引当金の見積計上（決算整理）

　企業は過去の経験実績から、債権回収不能率をある程度見積もることができる。そこで決算日に金銭債権残高に基づいて、次期以降に貸し倒れになると見込まれる金額を貸倒実績率等によってあらかじめ見積もり、貸倒引当金繰入勘定（費用）を用いて、貸倒れに備えて準備しておくことが必要である。このとき、設定対象となる金銭債権は、まだ貸倒れという事実は発生していないために、直接その金額を減額することはできない。そこで貸倒引当金勘定（評価性引当金という）を用いて処理を行う。また、貸倒引当金を設定する際に、前期

末に見積り計上した貸倒引当金勘定に残高があるときは、これを差し引いて繰入れ、あるいは戻し入れる処理を行わなければならない。

〔設例〕
① 決算にあたり、売掛金500,000円、受取手形200,000円の期末残高に対し、実績率法により3％の貸倒れを見積もる。

　　（借）貸倒引当金繰入　　21,000　　（貸）貸倒引当金　　21,000

② 決算にあたり、売掛金50,000円、受取手形100,000円の期末残高に対し、実績率法により3％の貸倒れを見積もる。ただし、前期に設定した貸倒引当金の残高が3,000円ある。

　　（借）貸倒引当金繰入　　※1,500　　（貸）貸倒引当金　　1,500
　　※（50,000円＋100,000円）×3％－3,000円＝1,500円

③ 決算にあたり、売掛金50,000円、受取手形100,000円の期末残高に対し、実績率法により3％の貸倒れを見積もる。ただし、前期に設定した貸倒引当金の残高が5,000円ある。

　　（借）貸倒引当金　　※500　　（貸）貸倒引当金戻入　　500
　　※（50,000円＋100,000円）×3％－5,000円＝△500円

（3）　貸倒引当金が設定されている場合の貸倒れの処理（期中取引）

　決算において（2）に示したように、次期以降の貸倒れを見積もって貸倒引当金を設定し、その後、実際に貸し倒れが発生した場合には、その債権金額と同額の貸倒引当金を取り崩す。このとき、貸し倒れとなった金額が、あらかじめ設定した貸倒引当金を超えるときは、その部分の金額は、（1）と同様に貸倒損失勘定で処理をする。具体的な設例を用いて示せば以下のとおりである。

〔設例〕
① 平成21年5月16日、得意先の山本商店が倒産し、同店に対する売掛金30,000円が貸し倒れとなった。なお、前期末（平成20年12月31日）の決算において、設定した貸倒引当金の残高が50,000円ある。

第14章 決算（Ⅱ） *111*

　　　　（借）貸倒引当金　30,000　　　（貸）売　掛　金　30,000

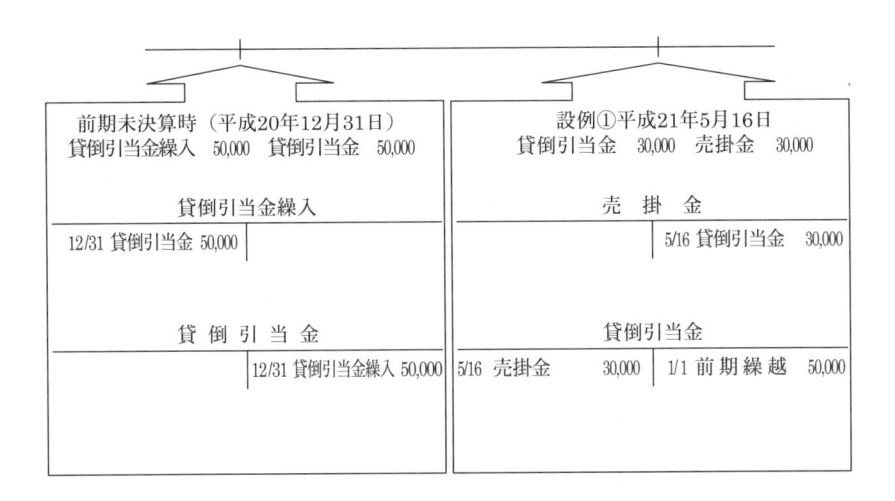

```
┌─────────────────────────────────┐  ┌─────────────────────────────────┐
│ 前期末決算時（平成20年12月31日）  │  │ 設例①平成21年5月16日              │
│ 貸倒引当金繰入 50,000 貸倒引当金 50,000 │  │ 貸倒引当金 30,000 売掛金 30,000   │
│                                 │  │                                 │
│        貸倒引当金繰入             │  │          売　掛　金               │
│ 12/31 貸倒引当金 50,000           │  │              │ 5/16 貸倒引当金 30,000 │
│                                 │  │                                 │
│         貸倒引当金               │  │          貸倒引当金               │
│      │ 12/31 貸倒引当金繰入 50,000│  │ 5/16 売掛金 30,000 │ 1/1 前期繰越 50,000 │
└─────────────────────────────────┘  └─────────────────────────────────┘
```

② ①の後、平成21年7月30日に得意先の鈴木商店が倒産し、同店に対する売掛金80,000円が貸し倒れとなった。

　　　　（借）貸倒引当金　20,000　　　（貸）売　掛　金　80,000
　　　　　　　貸倒損失　　60,000

```
┌───────────────────────┐  ┌─────────────────────────────┐
│ 前期末（平成20年12月31日） │  │ 設例①平成21年5月16日         │
│                       │  │ 貸倒引当金 30,000 売掛金 30,000│
└───────────────────────┘  └─────────────────────────────┘

        設例②平成21年7月30日
        貸倒引当金 20,000 売掛金 80,000
        貸倒損失   60,000

          売　掛　金                        貸倒引当金
 5/16 貸倒引当金 30,000 │ 5/16 売掛金 30,000   1/1 前期繰越 50,000
 7/30 諸　口    80,000 │ 7/30 売掛金 20,000

          貸倒損失
 7/30 売掛金 60,000
```

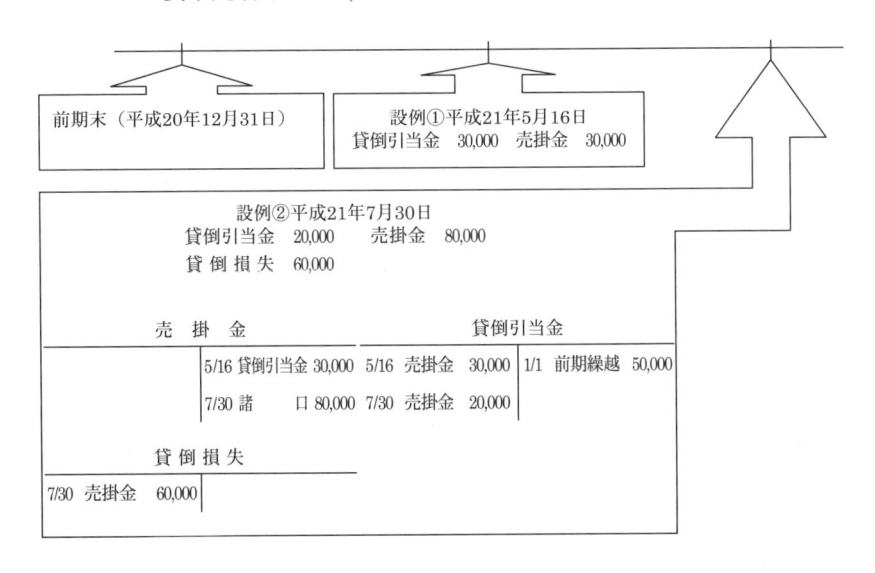

設例②のように、設定した貸倒引当金が実際に貸し倒れた債権金額に満たないときは、貸倒損失として処理を行う。

（4）償却債権取立益

前期以前に貸倒れとして処理した債権の全部または一部を回収した場合には、その回収した金額を償却債権取立益として処理する。

〔設例〕

前期に貸倒れとして処理していた売掛金 300,000 円のうち、30,000 円を現金で回収した。

　　（借）現　　金　　30,000　　（貸）償却債権取立益　　30,000

【練習問題 14-1】

次の期中取引について、仕訳を行いなさい。

(1) 当期中に得意先の山形商店が倒産し、同店に対する貸付金 300,000 円と、当店宛ての受取手形 100,000 円が回収不能となった。なお、貸倒引当金は設定していない。

(2) 当期中に得意先の本田商店が倒産し、同店に対する売掛金 300,000 円が回収不能となった。なお、前期末に設定した貸倒引当金が 30,000 円ある。

(3) 前期に貸倒れとして処理していた売掛金 20,000 円を、現金で回収した。

【練習問題 14-2】

次の決算整理事項について仕訳を行い、精算表（一部）に記入しなさい。

(1) 決算にあたり、売掛金 30,000 円、受取手形 50,000 円の期末残高に対し、実績率法により 5% の貸倒れを見積もる。

精算表

勘定科目	残高試算表 借方	残高試算表 貸方	修正記入 借方	修正記入 貸方	損益計算書 借方	損益計算書 貸方	貸借対照表 借方	貸借対照表 貸方
売　掛　金	30,000							
受　取　手　形	50,000							
貸倒引当金								
貸倒引当金繰入								

(2) 決算にあたり、売掛金 10,000 円、受取手形 30,000 円の期末残高に対し、実績率法により 3% の貸倒れを見積もる。なお、貸倒引当金勘定に 2,000 円の残高がある。

精算表

勘定科目	残高試算表 借方	残高試算表 貸方	修正記入 借方	修正記入 貸方	損益計算書 借方	損益計算書 貸方	貸借対照表 借方	貸借対照表 貸方
売　掛　金	10,000							
受　取　手　形	30,000							
貸倒引当金		2,000						
貸倒引当金戻入								

2. 減価償却

(1) 減価償却の意義
　土地を除く建物、備品、車両等の有形固定資産は、長期にわたって使用することを目的として所有している。そのため、これらの有形固定資産は、使用や時の経過、陳腐化、不適応化等の原因により物質的、機能的に価値を減少させていき、いずれはその使用に耐えなくなる。これを減価というが、決算にあたっては、この減価した固定資産の取得原価を、その利用期間に応じた期間に費用配分する手続きをとらねばならない。この手続きを減価償却といい、減価償却費勘定を使用して決算処理を行う。

(2) 減価償却の3要素
　減価償却費を計算するにあたり、原則として以下の3要素が必要である。
① 取得原価……第10章を参照
② 耐用年数……固定資産の使用可能年数（「減価償却資産の耐用年数等に関する省令」によって規定）
③ 残存価額……耐用年数終了時点における処分可能見積額

(3) 減価償却費の計算方法
　有形固定資産の減価償却費の計算方法は、定額法、定率法、生産高比例法、取替法等があるが、本書では定額法と定率法を取り上げる。
① 定額法
　定額法とは、固定資産の耐用期間中に、毎期均等額の減価償却費を計上する方法で、次の算式により求められる。

$$減価償却費 = \frac{取得原価 - 残存価額}{耐用年数}$$

② 定率法
　定率法とは、固定資産の耐用期間中に毎期首未償却残高に一定率を乗じて算

出した減価償却費を計上する方法で、次の算式により求められる。この方法では、耐用年数が経過するにつれて未償却残高が減少するため、減価償却費も逓減していく。

$$減価償却費 = 未償却残高 × ※償却率$$

$$※償却率 = 1 - \sqrt[耐用年数]{\frac{残存価額}{取得原価}}$$

〔設例〕

決算にあたり、当期首に取得した陳列棚、取得原価800,000円、耐用年数8年、残存価額は取得原価の10%、定率法による償却率0.250を、定額法、定率法により、1年目、2年目の減価償却費をそれぞれ計算しなさい。

《1年目》

（定額法）

$$\frac{800,000 円 - 80,000 円}{8 年} = 90,000 円$$

（定率法）

$$800,000 円 × 0.250 = 200,000 円$$

《2年目》

（定額法）

$$\frac{800,000 円 - 80,000 円}{8 年} = 90,000 円$$

（定率法）

$$(800,000 円 - 200,000 円) × 0.250 = 150,000 円$$

(4) 記帳方法

減価償却費を記帳する方法には、次の2つがある。

① 直接法

計算した減価償却費を減価償却費勘定の借方と、固定資産勘定の貸方に記入して取得原価を直接減額する方法である。この方法によれば、固定資産の決算

時における帳簿残高が示されるが、反対に当初の取得原価やそれまでに累積した減価償却費の合計額がいくらであるか一見して判明し難い。設例を使用して示せば、以下のようになる。

〔設例〕
　決算にあたり、当期首に取得した車両300,000円、耐用年数5年、残存価額は取得原価の10%の減価償却をおこなう。なお、減価償却は定額法により直接法で記帳している。

　（借）減価償却費※　　54,000　　　　（貸）車両運搬具　　54,000

$$※\frac{300,000 円 - 30,000 円}{5 年} = 54,000 円$$

精　算　表

勘定科目	残高試算表 借方	残高試算表 貸方	修正記入 借方	修正記入 貸方	損益計算書 借方	損益計算書 貸方	貸借対照表 借方	貸借対照表 貸方
車両運搬具	300,000			54,000			246,000	
減価償却費			54,000		54,000			

② 間接法
　計算した減価償却費を減価償却費勘定の借方に記入するのは、直接法と同様であるが、直接法のように固定資産の取得原価を減額せずに、減価償却累計額勘定を用いる方法である。この方法によれば、当初の取得原価が示され、かつ、これまで累積した減価償却費の合計額が把握できる。なお、固定資産の帳簿残高は取得原価から減価償却累計額を控除したものであることから、この減価償却累計額勘定は、有形固定資産に対する評価勘定である。

〔設例〕

先の設例を間接法により記帳すれば以下に示すとおりである。

(借)減価償却費　　54,000　　　(貸)減価償却累計額　　54,000

精　算　表

勘定科目	残高試算表 借方	残高試算表 貸方	修正記入 借方	修正記入 貸方	損益計算書 借方	損益計算書 貸方	貸借対照表 借方	貸借対照表 貸方
車両運搬具	300,000						300,000	
減価償却費			54,000		54,000			
減価償却累計額				54,000				54,000

(5) 減価償却制度の改正

多くの欧米先進諸国が取得価額の100％を費用化していることや、除却された資産を売却することは困難であるだけでなく、実際には除却資産を、処分費用を支払って廃棄しているなどの現在の経済実態に照らして、平成19年4月1日以後に取得した減価償却資産については、処分可能見積額となる残存価額が廃止された。このため、定額法による減価償却費は、以下の算式によって求めることとなった。

$$減価償却費 = \frac{取得原価}{耐用年数}$$

さらに、定額法の償却率（1／耐用年数）の2.5倍した数を定率法の償却率とすることに改正されたことから、改正前の定率法よりも早期の償却が可能となった。

〔設例〕

当会計期間（平成20年1月1日から12月31日）の決算にあたり、当期首に1,000,000円で取得した耐用年数20年の建物につき、減価償却を行う。な

お、建物の減価償却は定額法により間接法で記帳している。

　　（借）減価償却費　＊50,000　　　　（貸）減価償却累計額　50,000

　　※ $\dfrac{1,000,000 \text{円}}{20 \text{年}} = 50,000 \text{円}$

精　算　表

勘定科目	残高試算表 借方	残高試算表 貸方	修正記入 借方	修正記入 貸方	損益計算書 借方	損益計算書 貸方	貸借対照表 借方	貸借対照表 貸方
建　　物	1,000,000						1,000,000	
減価償却費			50,000		50,000			
減価償却累計額				50,000				50,000

〔設例〕

　当会計期間（平成20年1月1日から12月31日）の決算にあたり、当期首に500,000円で取得した耐用年数5年の機械装置の減価償却を行う。なお、機械装置の減価償却は定率法（償却率：0.500）により間接法で記帳している。

　　（借）減価償却費　＊250,000　　　　（貸）減価償却累計額　250,000

　　※ 500,000円×0.500＝250,000円

精　算　表

勘定科目	残高試算表 借方	残高試算表 貸方	修正記入 借方	修正記入 貸方	損益計算書 借方	損益計算書 貸方	貸借対照表 借方	貸借対照表 貸方
機械装置	500,000						500,000	
減価償却費			250,000		250,000			
減価償却累計額				250,000				250,000

【練習問題 14-3】

当期（平成20年1月1日から12月31日）の決算にあたり、当期首に取得した建物3,000,000円、耐用年数25年を定額法によって減価償却する。なお、記帳方法は直接法とする。決算整理仕訳を行って精算表（一部）に記入しなさい。

精 算 表

勘定科目	残高試算表 借方	残高試算表 貸方	修正記入 借方	修正記入 貸方	損益計算書 借方	損益計算書 貸方	貸借対照表 借方	貸借対照表 貸方
建　物	3,000,000							
減価償却費								

【練習問題 14-4】

当期（平成20年1月1日から12月31日）の決算にあたり、当期首に取得した備品400,000円、耐用年数4年を、定率法（償却率0.625）によって減価償却する。なお、記帳方法は間接法とする。決算整理仕訳を行って精算表（一部）を完成させなさい。

精 算 表

勘定科目	残高試算表 借方	残高試算表 貸方	修正記入 借方	修正記入 貸方	損益計算書 借方	損益計算書 貸方	貸借対照表 借方	貸借対照表 貸方
備　品	400,000							
減価償却累計額								
減価償却費								

【練習問題14-5】

次の資料に基づき、精算表（一部）を完成しなさい。

建物：耐用年数30年、定額法

機械：耐用年数10年、定率法（償却率0.250）

なお、当会計期間は平成21年1月1日から12月31日までであり、減価償却資産はいずれも、前期首に取得したものである。

精 算 表

勘定科目	残高試算表 借方	残高試算表 貸方	修正記入 借方	修正記入 貸方	損益計算書 借方	損益計算書 貸方	貸借対照表 借方	貸借対照表 貸方
建　　　物	6,000,000							
機　　　械	3,000,000							
建物減価償却累計額		200,000						
機械減価償却累計額		750,000						
建物減価償却費								
機械減価償却費								

3. 有価証券の評価

売買目的有価証券は、時価をもって貸借対照表価額とし、時価が帳簿価額を上回る場合には、その評価差額は有価証券評価益あるいは、有価証券運用益として処理する。また、時価が帳簿価額を下回る場合には、その評価差額は有価証券評価損あるいは、有価証券運用損として処理する。なお、有価証券の評価は銘柄ごとに行い、有価証券評価損と有価証券評価益の両方があるときは、これを相殺して計上する。

〔設例〕

決算時に売買目的で保有している有価証券は以下のとおりである。

銘柄	帳簿価額	時価
A社株式	168,000円	146,000円
B社株式	222,000円	265,000円

A社株式…146,000円－168,000円＝△22,000円（評価損）
B社株式…265,000円－222,000円＝43,000円（評価益）
※△22,000円（評価損）＋43,000円（評価益）＝21,000円（評価益）

（借）売買目的有価証券　21,000　　　（貸）有価証券評価益　21,000

4. 損益の繰延べと見越し

　費用、収益の発生は、一般に現金の支出、収入に基づいて記帳される。しかし、このような現金主義に基づく費用、収益の認識は、その支出額や収入額がその期間の費用、収益の発生額と一致しない場合がある。そのため決算において、当期にすでに行われた支出や収入のうち、時間の経過とともに次期以降の費用や収益となる部分の金額があるときは、これを当期の費用や収益から控除するとともに資産（前払費用）や負債（前受収益）として繰延べて計上する。また、いまだ支出や収入はないが、当期に費用や収益として発生した金額があるときは、これを当期の費用や収益に計上するとともに資産（未収収益）や負債（未払費用）として見越して計上する。そして、これらの処理を行うために使用する勘定を経過勘定という。

（1） 費用の繰延べ

　決算において、当期にすでに支払った費用のうちに、次期以降に費用となる部分の金額が含まれているときは、これを当期の費用から控除するとともに、前払費用（資産）として繰り延べ計上する。〔設例〕を使用して具体的に示せば、次のようになる。

〔設例〕

　8月1日に向こう1年分の保険料120,000円を現金で支払った。なお、当社の会計期間は1月1日から12月31日である。

　（8/1：1年分の保険料を支払ったときの仕訳）

　　　（借）支払保険料　　120,000　　　（貸）現　　　金　120,000

　（12/31：決算）

　　　（借）前払保険料　　　70,000　　　（貸）支払保険料　　70,000

　8月1日に支払った保険料は、翌年7月31日までの向こう1年分の保険料であり、当期の支払保険料の発生額として認識すべき部分の金額は、下の図で示すように5か月分の50,000円のみである。そのため、決算において時間の経過とともに次期以降の支払保険料として発生する70,000円については、すでに支払われた支払保険料から控除し、経過勘定の前払費用で処理する。この〔設例〕の場合、前もって支払った保険料すなわち、前払保険料として繰り延べる処理が必要である。

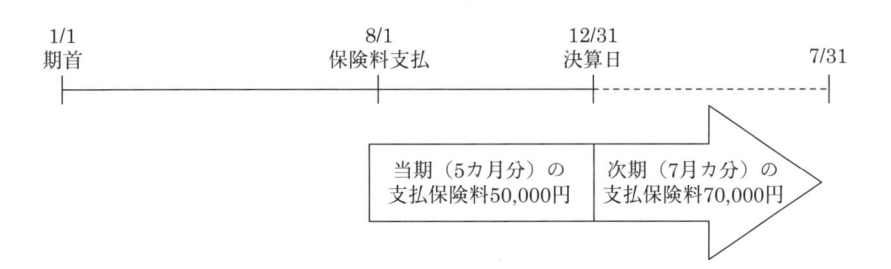

```
1/1              8/1            12/31              7/31
期首            保険料支払       決算日
 |---------------|---------------|------------------|
                        当期（5カ月分）の  次期（7月カ分）の
                        支払保険料50,000円 支払保険料70,000円
```

（2）収益の繰延べ

決算において、当期に受け取った収益のうちに、次期以降の収益となる部分の金額が含まれているときは、これを当期の収益から控除するとともに、経過勘定の前受収益（負債）として繰り延べ計上する。〔設例〕を使用して具体的に示せば、次のようになる。

〔設例〕
　遊休の土地を当期の3月1日に賃貸し、向こう1年分の地代60,000円を現金で受け取った。なお、当社の会計期間は1月1日から12月31日である。
　（3/1：1年分の地代を受け取ったときの仕訳）
　　　（借）現　　　金　60,000　　（貸）受取地代　60,000
　（12/31：決算）
　　　（借）受取地代　10,000　　（貸）前受地代　10,000

　3/1に受け取った地代は、翌年2月28日までの向こう1年分の地代であり、当期の受取地代の発生として認識すべき部分の金額は、下の図で示すように10か月分の50,000円である。そのため決算において、時の経過とともに次期以降の受取地代として発生する10,000円については、すでに受け取った地代から控除し、経過勘定の前受収益で処理する。この〔設例〕の場合、前もって受け取った地代すなわち、前受地代として繰り延べる処理が必要である。

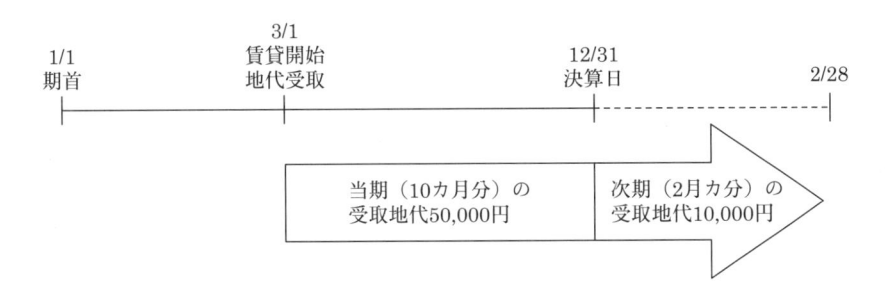

```
1/1          3/1              12/31           2/28
期首      賃貸開始           決算日
          地代受取
 ├─────────┼───────────────┼─ ─ ─ ─ ─ ─ ─┤
                 当期（10カ月分）の    次期（2月分）の
                 受取地代50,000円     受取地代10,000円
```

（3）費用の見越し

決算において、すでに当期の費用として発生しているにもかかわらず、いまだ支払いを行っていない金額があるときは、これを当期の費用に加算するとともに、経過勘定の未払費用（負債）として見越し計上する。〔設例〕を使用して具体的に示せば、次のようになる。

〔設例〕
当期の10月1日に、1年間の契約期間終了時に家賃2,400,000円を支払う契約で、本社建物を賃借した。なお、当社の会計期間は1月1日から12月31日である。

（10/1：建物の賃貸開始時）
　仕訳なし

（12/31：決算）
　（借）支払家賃　　600,000　　（貸）未払家賃　　600,000

10/1に家賃の支払いをしないで建物の賃借を開始しているために、当期の支払家賃として認識すべき会計処理を行っていない。そこで12月31日の決算を迎えた時点で、下の図で示すように当期の支払家賃の発生として認識すべき部分の金額、3ヶ月分の600,000円を、当期の費用として計上するとともに、経過勘定の未払費用で処理する。この〔設例〕の場合、いまだ支払っていない家賃すなわち、未払家賃として見越し計上する。

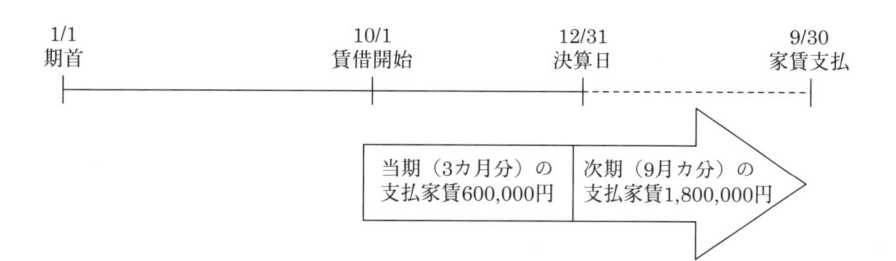

```
1/1              10/1            12/31           9/30
期首            賃借開始          決算日          家賃支払
 |────────────────|────────────────|- - - - - - - - - -|
                        当期（3カ月分）の    次期（9カ月分）の
                        支払家賃600,000円    支払家賃1,800,000円
```

(4) 収益の見越し

決算において、すでに当期の収益として発生しているにもかかわらず、いまだ受け取っていない金額があるときは、これを当期の収益に加算するとともに、経過勘定の未収収益（資産）として見越し計上する。〔設例〕を使用して具体的に示せば、次のようになる。

〔設例〕
　遊休の倉庫建物を1か月50,000円の家賃で当期の4月1日に賃貸した。なお、家賃は1年分をまとめて毎年3月末に受け取る契約である。当社の会計期間は1月1日から12月31日である。

（4/1：倉庫建物の賃貸開始時）
　仕訳なし
（12/31：決算）
　　（借）未収家賃　　450,000　　（貸）受取家賃　　450,000

　4月1日に家賃の受け取りをしないで建物の賃貸を開始しているために、当期の受取家賃として認識すべき会計処理を行っていない。そこで12月31日の決算を迎えた時点で、下の図で示すように当期の受取家賃の発生として認識すべき部分の金額、9か月分の450,000円を当期の収益として計上するとともに、経過勘定の未収収益で処理する。この〔設例〕の場合、いまだ受け取っていない家賃すなわち、未収家賃として見越し計上する。

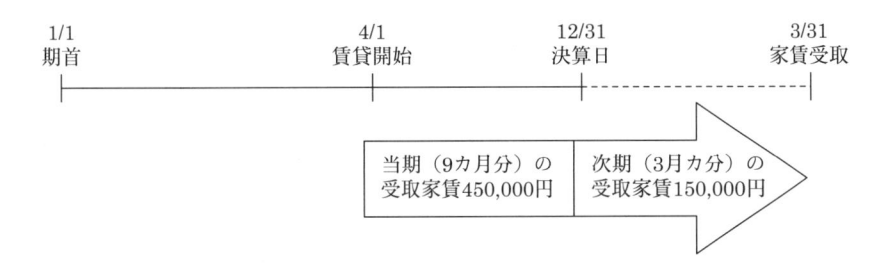

```
1/1           4/1          12/31         3/31
期首         賃貸開始       決算日       家賃受取
 |------------|-------------|-------------|
                    当期（9カ月分）の    次期（3月カ分）の
                    受取家賃450,000円    受取家賃150,000円
```

【練習問題 14-6】

次の資料に基づき決算整理仕訳を行って、精算表（一部）を完成させなさい。なお、当社の会計期間は1月1日から12月31日である。

① 決算に際し、利息の未収額6,000円を計上する。
② 支払家賃は、当期の9月に向こう1年分を支払ったものである。
③ 受取地代のうち80,000円は、次期の前受分である。

精 算 表

勘定科目	残高試算表 借方	残高試算表 貸方	修正記入 借方	修正記入 貸方	損益計算書 借方	損益計算書 貸方	貸借対照表 借方	貸借対照表 貸方
受取地代		120,000						
受取利息								
支払家賃	72,000							
（　）利息								
（　）家賃								
（　）地代								

第15章
精算表の作成

1. 精算表の作成

　一会計期間における取引を仕訳し、転記が行われた元帳の残高を試算表によって検証した後、貸借対照表や損益計算書を作成する手続きに入る。しかし、これら財務諸表を作成するにあたり、決算手続きにかかる正確性を期することを目的に、各勘定口座を締め切る前に精算表を前もって作成する。

　精算表は6桁式、8桁式、10桁式などの形式がある。精算表の左側2桁には、残高試算表から各勘定科目と残高金額が転記され、右側4桁は損益計算書欄、貸借対照表欄が設けられているのは、いずれの精算表も同様である。これに修正記入欄を設けたのが8桁式、さらに整理後試算表欄を設けたのが10桁式である。

〔6桁式〕

精　算　表

青山商店　　　　平成2〇年12月31日　　　　（単位：円）

勘定科目	残高試算表		損益計算書		貸借対照表	
	借方	貸方	借方	貸方	借方	貸方

〔8桁式〕

精　算　表

青山商店　　　　　　　平成2〇年12月31日　　　　　　（単位：円）

勘定科目	残高試算表		修正記入		損益計算書		貸借対照表	
	借方	貸方	借方	貸方	借方	貸方	借方	貸方

〔10桁式〕

精　算　表

青山商店　　　　　　　平成2〇年12月31日　　　　　　（単位：円）

勘定科目	残高試算表		修正記入		整理後試算表		損益計算書		貸借対照表	
	借方	貸方	借方	貸方	借方	貸方	借方	貸方	借方	貸方

　例を用いて残高試算表に基づき、決算整理を行って8桁精算表を作成すれば、下記に示すとおりである。

（決算整理事項）
(1) 期末商品棚卸高は8,000円である。売上原価は仕入勘定を用いて計算する。
　　（借）仕　　　　　入　　12,000　　（貸）繰　越　商　品　12,000
　　　　　繰　越　商　品　　 8,000　　　　　仕　　　　　入　　 8,000
(2) 期末売掛金残高に対し、実績率法により2%の貸倒れを見積もる。
　　（借）貸倒引当金繰入　※2,000　　（貸）貸　倒　引　当　金　2,000
　　※ 200,000円×2%－2,000円＝2,000円
(3) 当期首に取得した耐用年数20年の建物について、定額法により減価償却を行う。
　　（借）減　価　償　却　費　※10,000　　（貸）減価償却累計額　10,000
　　※ $\dfrac{200,000 円}{20 年}=10,000 円$

(4) 売買目的有価証券の期末時価は 250,000 円である。
   （借）有価証券評価損 ※30,000　（貸）売買目的有価証券 30,000
   ※ 250,000 円 － 280,000 円 ＝ △ 30,000 円
(5) 支払家賃の未払いが 5,000 円ある。
   （借）支 払 家 賃　5,000　（貸）未 払 家 賃　5,000
(6) 消耗品の未消費残高が 200 円ある。
   （借）消 耗 品　200　（貸）消 耗 品 費　200
(7) 支払利息のうち、300 円は前払いである。
   （借）前 払 利 息　300　（貸）支 払 利 息　300

《作成手順》
(1) 残高試算表の各勘定科目、各残高を転記する。
(2) 決算整理事項について整理仕訳を行い、修正記入欄に記入する。
(3) 残高試算表の金額に修正記入の金額を加減算する（10桁式のときは整理後試算表欄に結果を記入する）。その結果を費用、収益の諸勘定については損益計算書欄へ、資産、負債、資本（純資産）の諸勘定については貸借対照表欄へ転記する。
(4) 損益計算書欄の借方、貸方金額、貸借対照表欄の借方、貸方金額を合計する。このときそれぞれの貸借は一致しない。この貸借差額は純損益を示している。純利益の場合には、その差額を損益計算書欄の借方と貸借対照表欄の貸方に当期純利益として記入し、純損失の場合には、その差額を損益計算書欄の貸方と貸借対照表欄の借方に、当期純損失として記入する。損益計算書の貸借および貸借対照表の貸借がそれぞれ一致することを確認して締め切る。

精算表

青山商店　　　　　　　平成21年12月31日　　　　　　　　　　（単位：円）

勘定科目	残高試算表 借方	残高試算表 貸方	修正記入 借方	修正記入 貸方	損益計算書 借方	損益計算書 貸方	貸借対照表 借方	貸借対照表 貸方
現　　　　金	3,000						3,000	
売　掛　金	200,000						200,000	
売買目的有価証券	280,000			30,000			250,000	
繰　越　商　品	12,000		8,000	12,000			8,000	
建　　　　物	200,000						200,000	
買　掛　金		50,000						50,000
借　入　金		50,000						50,000
貸倒引当金		2,000		2,000				4,000
減価償却累計額				10,000				10,000
資　本　金		500,000						500,000
売　　　　上		398,000				398,000		
仕　　　　入	200,000		12,000	8,000	204,000			
給　　　　料	63,000				63,000			
支　払　家　賃	30,000		5,000		35,000			
消　耗　品　費	8,600			200	8,400			
支　払　利　息	3,400			300	3,100			
	1,000,000	1,000,000						
貸倒引当金繰入			2,000		2,000			
減価償却費			10,000		10,000			
有価証券評価損			30,000		30,000			
未　払　家　賃				5,000				5,000
消　耗　品			200				200	
前　払　利　息			300				300	
当期純利益					42,500			42,500
			67,500	67,500	398,000	398,000	661,500	661,500

2. 元帳の締め切り

　決算手続きの正確を期するため精算表を作成し、当期純損益を把握した一方、このとき元帳には、何ら記入がなされていない。そこで、一会計期間の区切りをつけるため費用、収益および資産、負債、資本（純資産）の各諸勘定を締め切る決算本手続きがなされる。なお、この締切方法には、ドイツ、フランスなどヨーロッパで広く採用されている大陸式と、イギリス、アメリカ、日本などで採用される英米式とがある。2つの方法の大きな相違点は資産、負債、資本（純資産）の諸勘定に残高勘定を設定するか否かである。

　以下では、まず大陸式と英米式とで相違のない（1）費用、収益に属する諸勘定の締切りを、次に、（2）資産、負債、資本（純資産）に属する諸勘定の締切（大陸式）を、最後に各勘定に、直接次期繰越を記入して締め切る（3）資産、負債、資本（純資産）に属する諸勘定の締切（英米式）を説明する。

（1） 費用、収益に属する諸勘定の締切

　大陸式と英米式のいずれにおいても費用、収益の諸勘定の締切は、損益勘定を設定し、この勘定の借方に費用に属する諸勘定の残高を、貸方に収益に属する諸勘定の残高を集合させるために、振替仕訳を行って転記する。

　次に損益勘定の借方と貸方をそれぞれ合計し、その貸借差額を当期純損益として把握する。この振替仕訳と転記を行えば、費用、収益に属する諸勘定はそれぞれ貸借が一致するので合計線を引き、その下の同じ行に合計額を記入して締切線（二重線）を引く。先の例を使用して、決算振替仕訳を行い、各勘定を締め切る手順は次に示すとおりである。

(資料)

借　　方	決算整理後 残高試算表（一部）	貸　　方
	売　　　　上	398,000
204,000	仕　　　　入	
63,000	給　　　　料	
35,000	支　払　家　賃	
8,400	消　耗　品　費	
3,100	支　払　利　息	
2,000	貸倒引当金繰入	
10,000	減　価　償　却　費	
30,000	有価証券評価損	

(決算日：12月31日)

① 収益に属する諸勘定を損益勘定の貸方に振り替える。

　　(借) 売　　　上　398,000　　(貸) 損　　　益　398,000

② 費用に属する諸勘定を損益勘定の借方に振り替える。

　　(借) 損　　　益　355,500　　(貸) 仕　　　入　204,000
　　　　　　　　　　　　　　　　　　　給　　　料　　63,000
　　　　　　　　　　　　　　　　　　　支　払　家　賃　35,000
　　　　　　　　　　　　　　　　　　　消　耗　品　費　 8,400
　　　　　　　　　　　　　　　　　　　支　払　利　息　 3,100
　　　　　　　　　　　　　　　　　　　貸倒引当金繰入　 2,000
　　　　　　　　　　　　　　　　　　　減　価　償　却　費　10,000
　　　　　　　　　　　　　　　　　　　有価証券評価損　30,000

③ 当期純利益42,500円を資本金勘定に振り替える。

　　(借) 損　　　益　42,500　　(貸) 資　本　金　42,500

※12月31日における損益勘定への振替仕訳の転記は、諸口を使用せず、すべての相手勘定を記入する。

```
                 売         上                                  仕         入
12/31 損    益 398,000 | 6/10 × × 398,000      × ×     200,000 | 12/31 繰越商品    8,000
                                              12/31 繰越商品 12,000 | 〃  損     益  204,000
                                                         212,000              212,000

                 給         料                                支  払  家  賃
     × ×       63,000 | 12/31 損  益 63,000     × ×      30,000 | 12/31 損    益  35,000
                                              12/31 未払家賃  5,000 |
                                                          35,000              35,000

                消  耗  品  費                               支  払  利  息
     × ×        8,600 | 12/31 消耗品    200      × ×       3,400 | 12/31 前払利息     300
                      | 〃  損    益  8,400                      | 〃  損    益   3,100
                 8,600              8,600                 3,400               3,400

              貸倒引当金繰入                                 減  価  償  却  費
12/31 貸倒引当金  2,000 | 12/31 損   益 2,000    12/31 減価償却累計額 10,000 | 12/31 損 益 10,000

              有価証券評価損                                    損          益
12/31 売買目的有価証券 30,000 | 12/31 損 益 30,000  12/31 仕    入 204,000 | 12/31 売  上 398,000
                                              〃   給    料  63,000 |
                                              〃  支払家賃   35,000 |
                                              〃  消耗品費    8,400 |
                                              〃  支払利息    3,100 |
                                              〃 貸倒引当金繰入 2,000 |
                                              〃  減価償却費  10,000 |
                                              〃 有価証券評価損 30,000 |
                                              〃   資  本  金 42,500 |
                                                       398,000              398,000
```

(2) 資産、負債、資本（純資産）に属する諸勘定の締切（大陸式）

　大陸式では、資産、負債、資本（純資産）に属する諸勘定は、決算残高勘定を設定して決算振替仕訳を行い各勘定に転記する。そのため、各勘定の貸借の合計金額を一致させて締め切るので、残高が一致しなければ誤りがあることが判明するといった検証性の面から有効である。反面、英米式と比較して煩雑さがある。先の例を使用して決算振替仕訳をおこない、各勘定を締め切る手順は下記に示すとおりである。

借　方	決算整理後 残高試算表（一部）	貸　方
3,000	現　　　　金	
200,000	売　掛　金	
250,000	売買目的有価証券	
8,000	繰　越　商　品	
200,000	建　　　　物	
	買　掛　金	50,000
	借　入　金	50,000
	貸倒引当金	4,000
	減価償却累計額	10,000
	資　本　金	500,000
	未　払　家　賃	5,000
200	消　耗　品	
300	前　払　利　息	

（決算日：12月31日）

① 資産に属する諸勘定を決算残高勘定の借方へ振り替える。

　　（借）決 算 残 高　661,500　　（貸）現　　　　金　　3,000
　　　　　　　　　　　　　　　　　　　　売　掛　金　200,000
　　　　　　　　　　　　　　　　　　　　売買目的有価証券　250,000
　　　　　　　　　　　　　　　　　　　　繰　越　商　品　　8,000
　　　　　　　　　　　　　　　　　　　　建　　　　物　200,000
　　　　　　　　　　　　　　　　　　　　消　耗　品　　　200
　　　　　　　　　　　　　　　　　　　　前　払　利　息　　300

② 負債、資本に属する諸勘定を決算残高勘定の貸方へ振り替える。

　　（借）買　掛　金　50,000　　（貸）決 算 残 高　661,500
　　　　　借　入　金　50,000
　　　　　貸倒引当金　4,000
　　　　　減価償却累計額　10,000
　　　　　資　本　金　542,500※
　　　　　未　払　家　賃　5,000

　　※資本金542,500円は、（1）の資本金勘定への振替仕訳の結果である。

	現	金				売	掛	金	
× ×	3,000	12/31 決算残高	3,000	× ×	200,000	12/31 決算残高	200,000

	売買目的有価証券				繰 越 商 品			
× ×	280,000	12/31 有価証券評価損	30,000	1/1 開始残高	12,000	12/31 仕 入	12,000
		〃 決算残高	250,000	12/31 仕 入	8,000	〃 決算残高	8,000
	280,000		280,000		20,000		20,000

	建	物			買	掛	金	
1/1 × ×	200,000	12/31 決算残高	200,000	12/31 決算残高	50,000	× ×	50,000

	借 入 金				貸 倒 引 当 金		
12/31 決算残高	50,000	× ×	50,000	12/31 決算残高	4,000	1/1 × ×	2,000
						12/31 貸倒引当金繰入	2,000
					4,000		4,000

	減価償却累計額				資 本 金		
12/31 決算残高	10,000	12/31 減価償却費	10,000	12/31 決算残高	542,500	1/1 開始残高	500,000
						12/31 損 益	42,500
					542,500		542,500

	消 耗 品				前 払 利 息		
12/31 消耗品費	200	12/31 決算残高	200	12/31 支払利息	300	12/31 決算残高	300

	未 払 家 賃		
12/31 決算残高	5,000	12/31 支払家賃	5,000

決 算 残 高

12/31	現 金	3,000	12/31	買 掛 金	50,000
〃	売 掛 金	200,000	〃	借 入 金	50,000
〃	売買目的有価証券	250,000	〃	貸倒引当金	4,000
〃	繰 越 商 品	8,000	〃	減価償却累計額	10,000
〃	建 物	200,000	〃	資 本 金	542,500
〃	消 耗 品	200	〃	未 払 家 賃	5,000
〃	前 払 利 息	300			
		661,500			661,500

（補）　大陸式の場合には、翌期首に次のような開始仕訳を行う必要がある。

（翌期首）

（借）現　　　　　金	3,000	（貸）開　始　残　高	661,500
売　掛　金	200,000		
売買目的有価証券	250,000		
繰　越　商　品	8,000		
建　　　　　物	200,000		
消　耗　品	200		
前　払　利　息	300		

（借）開　始　残　高	661,500	（貸）買　掛　金	50,000
		借　入　金	50,000
		貸　倒　引　当　金	4,000
		減価償却累計額	10,000
		資　本　金	542,500
		未　払　家　賃	5,000

開始残高

12/31 買　掛　金	50,000	1/1 現　　　金	3,000
〃　借　入　金	50,000	〃　売　掛　金	200,000
〃　貸倒引当金	4,000	〃　売買目的有価証券	250,000
〃　減価償却累計額	10,000	〃　繰　越　商　品	8,000
〃　資　本　金	542,500	〃　建　　　物	200,000
〃　未　払　家　賃	5,000	〃　消　耗　品	200
		〃　前　払　利　息	300
	661,500		661,500

（3） 資産、負債、資本（純資産）に属する諸勘定の締切（英米式）

英米式の場合は、資産、負債、資本（純資産）に属する各勘定の中に、期末の日付と「次期繰越」を記入して合計線、締切線を引いて終了する。そのため大陸式と比較して簡便である一方、各勘定の残高に誤りがあっても発見することはできない。そこで、以下に示すような繰越試算表を作成して検証を行う必要がある。先の例を使用して各勘定を締め切る手順は下記に示すとおりである。

現　　　金			売　掛　金		
× ×	3,000	12/31 次期繰越　3,000	× ×	200,000	12/31 次期繰越　200,000

売買目的有価証券			繰　越　商　品		
× ×	280,000	12/31 有価証券評価損　30,000	1/1 前期繰越	12,000	12/31 仕　　入　12,000
		〃　次 期 繰 越　250,000	12/31 仕　入	8,000	〃　次 期 繰 越　8,000
	280,000	280,000		20,000	20,000

建　　　物			買　掛　金		
1/1 × ×	200,000	12/31 次期繰越　200,000	12/31 次期繰越	50,000	× ×　50,000

借　入　金			貸 倒 引 当 金		
12/31 次期繰越	50,000	× ×　50,000	12/31 次期繰越	4,000	1/1 前 期 繰 越　2,000
					12/31 貸倒引当金繰入　2,000
				4,000	4,000

減価償却累計額			資　本　金		
12/31 次期繰越	10,000	12/31 減価償却費　10,000	12/31 次期繰越	542,500	1/1 前 期 繰 越　500,000
					12/31 損　　　益　42,500
				542,500	542,500

消　耗　品			前　払　利　息		
12/31 消耗品費	200	12/31 次 期 繰 越　200	12/31 支払利息	300	12/31 次期繰越　300

未　払　家　賃		
12/31 次期繰越	5,000	12/31 支払家賃　5,000

借　方	繰越試算表	貸　方
3,000	現　　　　　金	
200,000	売　掛　　金	
250,000	売買目的有価証券	
8,000	繰　越　商　品	
200,000	建　　　　　物	
	買　掛　　金	50,000
	借　入　　金	50,000
	貸 倒 引 当 金	4,000
	減価償却累計額	10,000
	資　本　　金	542,500
	未　払　家　賃	5,000
200	消　耗　　品	
300	前　払　利　息	
661,500		661,500

（補）英米式の場合は、翌期首に次のような各勘定に前期繰越を記入する必要がある。

```
         現          金                          売   掛   金
   × ×       3,000 12/31 次 期 繰 越  3,000    × ×      200,000 12/31 前期繰越  200,000
1/1 前期繰越   3,000                      1/1 前期繰越  200,000

         売買目的有価証券
   × ×     280,000 12/31 有価証券評価損 330,000
                     〃  次 期 繰 越 250,000
               280,000                280,000
1/1 前期繰越   250,000
```

その他の、資産、負債、資本（純資産）に属する諸勘定についても同様に期首の日付で「前期繰越」を記入する。

【練習問題 15-1】

次の決算整理事項に基づいて、精算表を完成しなさい。会計期間は平成21年1月1日から12月31である。

(決算整理事項)
(1) かねて処理してあった現金過不足勘定は、所有する有価証券の配当金領収証を受け取った3,000円が処理されていなかった。その他は原因が判明しない。
(2) 受取手形および売掛金の期末残高に対し、実績率法により3%の貸倒れを見積もる。
(3) 有価証券を100,000円に評価替えする。
(4) 期末商品棚卸高は、38,000円である。なお、売上原価は仕入の行で行うこと。
(5) 当期首に取得した建物および備品について定額法により減価償却を行う。なお、耐用年数は建物25年、備品8年である。
(6) 支払保険料は、1年分を前払いしており保険契約から決算までの経過期間は6か月である。
(7) 貸付金は、平成21年10月1日に向こう1年間の契約で得意先に貸し付けたもので、年5%の利息は元金の返済とともに1年後に支払いを受けることとなっている。
(8) 消耗品の期末未消費高が4,600円ある。

精 算 表

○○商店　　　平成21年12月31日　　　（単位：円）

勘定科目	残高試算表 借方	残高試算表 貸方	修正記入 借方	修正記入 貸方	損益計算書 借方	損益計算書 貸方	貸借対照表 借方	貸借対照表 貸方
現　　　金	4,500							
現金過不足		3,200						
受 取 手 形	60,000							
売 掛 金	280,000							
売買目的有価証券	90,000							
繰 越 商 品	31,600							
貸 付 金	100,000							
建　　　物	500,000							
備　　　品	200,000							
買 掛 金		135,000						
貸倒引当金		8,800						
建物減価償却累計額								
備品減価償却累計額								
資 本 金		1,000,000						
売　　　上		450,000						
仕　　　入	233,000							
給　　　料	58,400							
支払保険料	30,000							
消耗品費	12,500							
受 取 利 息		2,000						
受取配当金		1,000						
	1,600,000	1,600,000						
貸倒引当金繰入								
減価償却費								
有価証券評価（　）								
（　　）保険料								
消 耗 品								
（　　）利息								
雑（　　　）								
当期純（　　）								

第16章

伝　　票

　取引が発生すると、通常取引先から注文書、納品書、請求書、領収書などその内容に応じた書類が送付される。このような書類を証憑というが、会計処理にかかわる真実性や正確性は、企業の取引事実を裏付けるこれら様々な証憑に基づいて得られるものである。

　しかし、企業規模が大型化し、取引回数や種類が増大した場合には、1つの取引が複数部署の帳簿と関連し、これまでみてきたような主要簿および補助簿へそのつど記入するには、煩雑で誤りを起こしやすい。そのため、複写式伝票を利用した帳簿の記入方法が採用される。

　入金伝票、出金伝票、振替伝票の三種類を使用する三伝票制と、これに仕入伝票、売上伝票を含めた五伝票制とがあるが、本書では三伝票制を説明する。

1.　入 金 伝 票

　入金伝票とは、現金の受取が行われた際に、記入する伝票である。したがって、必ず借方が「現金」で仕訳されるため、現金の借方勘定への記入を省略し、貸方の勘定科目と金額が入金伝票に記入される。入金伝票の摘要欄と入金先は、先にみた仕訳帳の小書きに相当している。

入金伝票 No.100		承認印	検印	係印
平成 19年 11月 20日					
科目	売　上	入金先	大　崎　商　店		
摘　要				金　額	
A商品100個　@200				2 0 0 0 0	
合　計				2 0 0 0 0	

2. 出金伝票

　出金伝票とは、現金の支払いが行われた際に、記入する伝票である。したがって、必ず貸方が「現金」で仕訳されるため、現金の貸方勘定への記入を省略し、借方の勘定科目と金額が出金伝票に記入される。出金伝票の摘要欄と出金先は、入金伝票の時と同様に仕訳帳の小書きに相当している。

出金伝票 No.25		承認印	検印	係印
平成 19年 5月 2日					
科目	仕　入	出金先	山　形　商　店		
摘　要				金　額	
B商品200個　@120				2 4 0 0 0	
合　計				2 4 0 0 0	

3. 振替伝票

　振替伝票とは、入金取引および出金取引以外の取引が発生した際に、作成する伝票である。中央から左側に借方科目欄と金額欄が、右側に貸方科目欄と金額欄がそれぞれ設けられている。また、摘要欄は仕訳帳の小書きに相当する。

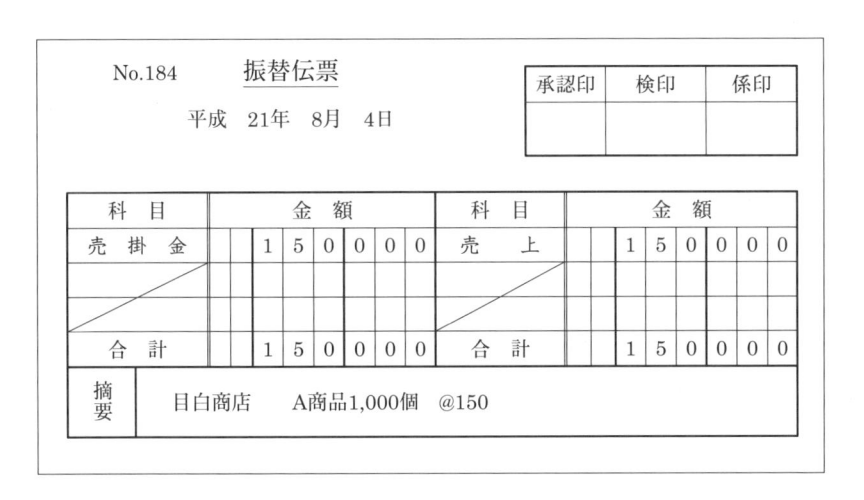

No.184	振替伝票		承認印	検印	係印
	平成 21年 8月 4日				

科　目	金　額	科　目	金　額
売　掛　金	150000	売　上	150000
合　計	150000	合　計	150000

摘要　目白商店　A商品1,000個　@150

4. 一部振替取引

　振替伝票の処理において問題となるのは一部に現金取引を伴う場合である。このときの伝票に記入する方法には、①現金の入出金部分の取引は、入金伝票または出金伝票に記入し、それ以外の部分の取引については振替伝票に記入する方法と、②現金の入出金部分の取引についても、すべて振替取引と擬制して振替伝票に記入し、その直後、現金の入出金があったとして入金伝票または出金伝票に記入する方法である。例えば、「平成21年3月25日に、商品300,000円を売り上げ、代金のうち100,000円は現金で受取り、残額は掛けとした」場合などである。このとき、①の方法によれば、以下のように処理される。

（借）現　　金　100,000　　（貸）売　　　上　100,000 →入金伝票へ
　　　　　売 掛 金　200,000　　　　売　　　上　200,000 →振替伝票へ

```
┌─────────────────────┐   ┌─────────────────────────────────┐
│       入金伝票        │   │          振 替 伝 票             │
│    平成21年3月25日    │   │         平成21年3月25日          │
│  売　　上　100,000   │   │  売 掛 金 200,000  売　上 200,000 │
└─────────────────────┘   └─────────────────────────────────┘
```

　②の方法によれば、売上金額の300,000円がすべて掛で行われたものとして取引をいったん擬制し、その直後100,000円の現金入金があったとする以下の処理を行う。

　　　（借）売 掛 金　300,000　　（貸）売　　　上　300,000 →振替伝票へ
　　　　　現　　金　100,000　　　　売 掛 金　100,000 →入金伝票へ

```
┌─────────────────────┐   ┌─────────────────────────────────┐
│       入金伝票        │   │          振 替 伝 票             │
│    平成21年3月25日    │   │         平成21年3月25日          │
│  売 掛 金　100,000   │   │  売 掛 金 300,000  売　上 300,000 │
└─────────────────────┘   └─────────────────────────────────┘
```

〔設例〕

　平成21年1月5日の次の取引を入金伝票、出金伝票、振替伝票に記入しなさい。小書きは不要。

① 取引先神田商店から商品80,000円を仕入れ、代金のうち30,000円は現金で支払い残額は掛けとした（伝票への記入は取引を擬制する方法による。）。

　　　（借）仕　　入　80,000　　（貸）買 掛 金　80,000
　　　　　買 掛 金　30,000　　　　現　　金　30,000

```
┌─────────────────────┐   ┌─────────────────────────────────┐
│       出金伝票        │   │          振 替 伝 票             │
│    平成21年1月5日     │   │         平成21年1月5日           │
│  買 掛 金　30,000    │   │  仕　　入　80,000  買 掛 金 80,000 │
└─────────────────────┘   └─────────────────────────────────┘
```

②　得意先渋谷商店へ商品 200,000 円を掛で売り上げた。

　　（借）売　掛　金　　200,000　　　（貸）売　　　上　　200,000

```
┌─────────────────────────────────┐
│　　　　　　振　替　伝　票　　　　　│
│　　　　　　平成21年1月5日　　　　　│
│　売　掛　金　200,000　　売　　上　200,000　│
└─────────────────────────────────┘
```

③　手元現金 100,000 円を当座預金に預け入れた。

　　（借）当 座 預 金　　100,000　　　（貸）現　　　金　　100,000

```
┌───────────────────┐
│　　　出金伝票　　　│
│　平成21年1月5日　　│
│　当座預金　100,000　│
└───────────────────┘
```

④　得意先青山商店から売掛金 30,000 円を現金で回収した。

　　（借）現　　　金　　 30,000　　　（貸）売 掛 金　　 30,000

```
┌───────────────────┐
│　　　入金伝票　　　│
│　平成21年1月5日　　│
│　売　掛　金　30,000　│
└───────────────────┘
```

5.　伝票集計表

　それぞれの伝票から総勘定元帳への転記は、仕訳集計表を作成してまとめて合計額を転記する方法が合理的である。まず、入金伝票の合計額を仕訳集計表の現金勘定の借方へ、同様に出金伝票の合計額を貸方へ記入する。次に、入金伝票と出金伝票のそれぞれの相手勘定と振替伝票の借方勘定、貸方勘定の金額を同じ勘定科目ごとにまとめて集計し記入する。このように作成された仕訳集計表から、総勘定元帳への転記を行うといった手順で進められる。また、この集計表は企業の取引量によって、一日分、一週間分、一か月分の伝票がとりまとめて転記されることから、それぞれ「仕訳日計表」、「仕訳週計表」、「仕訳月計表」と呼ばれる。

〔設例〕

次の伝票から仕訳日計表を作成しなさい。

```
┌─────────────────┐
│ No.101  入金伝票  │
│  平成21年6月5日   │
│  売 掛 金 50,000 │
└─────────────────┘
```
→（借）現　　金　50,000　（貸）売 掛 金　50,000

```
┌─────────────────┐
│ No.102  入金伝票  │
│  平成21年6月5日   │
│ 当座預金 50,000  │
└─────────────────┘
```
→（借）現　　金　50,000　（貸）当座預金　50,000

```
┌─────────────────┐
│ No.201  出金伝票  │
│  平成21年6月5日   │
│ 支払家賃 30,000  │
└─────────────────┘
```
→（借）支払家賃　30,000　（貸）現　　金　30,000

```
┌─────────────────┐
│ No.202  出金伝票  │
│  平成21年6月5日   │
│ 交 通 費 15,000  │
└─────────────────┘
```
→（借）交 通 費　15,000　（貸）現　　金　15,000

```
┌──────────────────────────────┐
│ No.301    振 替 伝 票         │
│      平成21年6月5日            │
│ 売掛金 150,000  売 上 150,000 │
└──────────────────────────────┘
```
→（借）売 掛 金　150,000　（貸）売　　上　150,000

```
┌──────────────────────────────┐
│ No.302    振 替 伝 票         │
│      平成21年6月5日            │
│ 仕　入 80,000  買掛金 80,000  │
└──────────────────────────────┘
```
→（借）仕　　入　80,000　（貸）買 掛 金　80,000

第16章 伝 票 *147*

各勘定科目を集計し、仕訳日計表に記入する

仕 訳 日 計 表

平成21年6月5日

借 方	元 丁	勘定科目	元 丁	貸 方
100,000	1	現 金	1	45,000
		当座預金	2	50,000
150,000	5	売 掛 金	5	50,000
		買 掛 金	8	80,000
		売 上	11	150,000
80,000	15	仕 入		
15,000	17	交 通 費		
30,000	18	支払家賃		
375,000				375,000

総勘定元帳の各勘定へ転記を行い、終了した旨の印として、右上の各勘定番号を仕訳日計表の元丁欄に付す。

現 金　　　　　　　1
6/5 仕訳日計表 100,000 ｜ 6/5 仕訳日計表 45,000

当座預金　　　　　　2
　　　　　　　｜ 6/5 仕訳日計表 50,000

売掛金　　　　　　　5
6/5 仕訳日計表 150,000 ｜ 6/5 仕訳日計表 50,000

買掛金　　　　　　　8
　　　　　　　｜ 6/5 仕訳日計表 80,000

売 上　　　　　　　11
　　　　　　　｜ 6/5 仕訳日計表 150,000

仕 入　　　　　　　15
6/5 仕訳日計表 80,000 ｜

交通費　　　　　　　17
6/5 仕訳日計表 15,000 ｜

支払家賃　　　　　　18
6/5 仕訳日計表 30,000 ｜

【練習問題 16-1】

平成21年6月6日に作成された各伝票に基づいて、仕訳日計表を作成し、総勘定元帳への転記をあわせて行いなさい。

```
No.101   入金伝票
   平成21年6月6日
   売   上   45,000
```

```
No.102   入金伝票
   平成21年6月6日
   受取地代   50,000
```

```
No.201   出金伝票
   平成21年6月6日
   当座預金   10,000
```

```
No.202   出金伝票
   平成21年6月6日
   買 掛 金   50,000
```

```
No.301      振 替 伝 票
        平成21年6月6日
 当座預金  20,000    受取利息  20,000
```

```
No.302      振 替 伝 票
        平成21年6月6日
 仕   入  150,000   買 掛 金  150,000
```

仕 訳 日 計 表
平成21年6月6日

借 方	元丁	勘定科目	元丁	貸 方
		現 金		
		当座預金		
		買 掛 金		
		売 上		
		受取地代		
		受取利息		
		仕 入		

現　　金	1	当座預金	2
買　掛　金	8	売　　上	11
受取地代	13	受取利息	14
仕　　入	15		

【練習問題：解答】

【練習問題 2-1】

(1) 資産	(6) 資産	(11) 費用	(16) 収益
(2) 資産	(7) 負債	(12) 資産	(17) 資産
(3) 資産	(8) 資本（純資産）	(13) 資産	(18) 費用
(4) 収益	(9) 費用	(14) 資産	(19) 費用
(5) 費用	(10) 負債	(15) 負債	(20) 資産

【練習問題 2-2】

貸 借 対 照 表

渋谷商店　　　　　平成 20 年 12 月 31 日　　　　　（単位：円）

資　　産	金　　額	負債及び純資産	金　　額
現　　金	550,000	借　入　金	200,000
貸　付　金	250,000	資　本　金	4,000,000
建　　物	1,500,000	当期純利益	100,000
土　　地	2,000,000		
	4,300,000		4,300,000

損 益 計 算 書

渋谷商店　平成 20 年 1 月 1 日から平成 20 年 12 月 31 日まで　（単位：円）

費　　用	金　　額	収　　益	金　　額
売 上 原 価	500,000	売 上 高	800,000
給　　料	100,000	受取利息	10,000
水道光熱費	60,000		
旅費交通費	30,000		
支 払 利 息	20,000		
当期純利益	100,000		
	810,000		810,000

【練習問題 2-3】

	期首			収益	費用	純損益	期末		
	資産	負債	資本 (純資産)				資産	負債	資本 (純資産)
A商店	500,000	100,000	ア： 400,000	120,000	60,000	イ： 60,000	ウ： 540,000	80,000	460,000
B商店	150,000	エ： 80,000	70,000	オ： 50,000	20,000	カ： 30,000	キ： 160,000	60,000	100,000
C商店	300,000	ク： 200,000	ケ： 100,000	50,000	コ： 80,000	−30,000	250,000	サ： 180,000	70,000

(練習問題 2-3：解説)
　それぞれの貸借対照表、損益計算書を簡潔に示せば以下のとおりである。

A商店

(期首)　貸借対照表

資産 500,000	負債 100,000
	資本 (純資産) ア

損益計算書

費用 60,000	収益 120,000
純利益 イ	

(期末)　貸借対照表

資産 ウ	負債 80,000
	資本 (純資産) 460,000

ア：期首資産 500,000 円 − 期首負債 100,000 円 ＝ 期首資本 (純資産) 400,000 円
イ：収益 120,000 円 − 費用 60,000 円 ＝ 純利益 60,000 円
ウ：期末負債 80,000 円 ＋ 期末資本 (純資産) 460,000 円 ＝ 期末資産 540,000 円

B商店

(期首)　貸借対照表

資産 150,000	負債 エ
	資本 (純資産) 70,000

損益計算書

費用 20,000	収益 オ
純利益 カ	

(期末)　貸借対照表

資産 キ	負債 60,000
	資本 (純資産) 100,000

エ：期首資産 150,000 円 − 期首資本 (純資産) 70,000 円 ＝ 期首負債 80,000 円
カ：期末資本 (純資産) 100,000 円 − 期首資本 (純資産) 70,000 円 ＝ 純利益 30,000 円

オ：費用 20,000 円＋カ：純利益 30,000 円＝収益 50,000 円

キ：期末負債 60,000 円＋期末資本（純資産）100,000 円＝期末資産 160,000 円

C 商店

（期首）　貸借対照表

資産 300,000	負債 ク
	資本（純資産） ケ

損益計算書

費用 コ	収益 50,000
	純損失 30,000

（期末）　貸借対照表

資産 250,000	負債 サ
	資本（純資産） 70,000

C 商店の損益計算書は、純損失であるため上記のように損益計算書の右側に記入されることに留意する。

ケ：期末資本（純資産）70,000 円－純損失－30,000 円＝期首資本（純資産）100,000 円

ク：期首資産 300,000 円－期首資本（純資産）100,000 円＝期首負債 200,000 円

コ：収益 50,000 円－純損失－30,000 円＝費用 80,000 円

サ：期末資産 250,000 円－期末資本（純資産）70,000 円＝期末負債 180,000 円

【練習問題 3-1】

1. ○　2. ○　3. ○　4. ○　5. ×

（練習問題 3-1：解説）

5. は、一般的に取引として認識できるが、契約を締結しただけでは簿記上の取引としては扱わず、実際に建物を購入した時点で簿記上の取引となる。

【練習問題 3-2】

1	資金が不足したので銀行から現金 1,000,000 円を借り入れた。	現金（資産）の増加　借入金（負債）の増加	交換取引
2	従業員に給料 300,000 円を現金で支払った。	給料（費用）の発生　現金（資産）の減少	損益取引
3	2,000,000 円で購入した土地を 2,500,000 円で売却し，代金は現金で受け取った。	土地（資産）の減少　現金（資産）の増加　土地売却益（収益）の発生	混合取引
4	営業用車両 300,000 円を現金で購入した。	車両（資産）の増加　現金（資産）の減少	交換取引

【練習問題 4-1】

	借方科目	金　額	貸方科目	金　額
4/10	現　　金	2,000,000	借 入 金	2,000,000
/12	当座預金	1,000,000	現　　金	1,000,000
/15	土　　地	1,000,000	現　　金	1,000,000
/18	建　　物	500,000	現　　金	500,000
/24	借 入 金 支払利息	2,000,000 20,000	現　　金	2,020,000
/25	給　　料	80,000	現　　金	80,000

（練習問題 4-1：解説）

4/10　①勘定科目の決定：現金（資産）と借入金（負債）
　　　②借方要素：現金（資産）の増加
　　　　貸方要素：借入金（負債）の増加
　　　③金額の決定：2,000,000 円

/12　①勘定科目の決定：当座預金（資産）と現金（資産）
　　　②借方要素：当座預金（資産）の増加
　　　　貸方要素：現金（資産）の減少
　　　③金額の決定：1,000,000 円

/15　①勘定科目の決定：土地（資産）と現金（資産）
　　　②借方要素：土地（資産）の増加
　　　　貸方要素：現金（資産）の減少
　　　③金額の決定：1,000,000 円

/18　①勘定科目の決定：建物（資産）と現金（資産）
　　　②借方要素：建物（資産）の増加
　　　　貸方要素：現金（資産）の減少
　　　③金額の決定：500,000 円

4/24　①勘定科目の決定：借入金（負債）と現金（資産）と支払利息（費用）
　　　②借方要素：借入金（負債）の減少
　　　　　　　　　支払利息（費用）の発生
　　　　貸方要素：現金（資産）の減少
　　　③金額の決定：2,020,000 円
　　　　（2,000,000 円と 20,000 円）

/25　①勘定科目の決定：給料（費用）と現金（資産）
　　　②借方要素：給料（費用）の発生
　　　　貸方要素：現金（資産）の減少
　　　③金額の決定：80,000 円

	現　　金				当座預金	
4/10 借 入 金 2,000,000	4/12 当座預金 1,000,000			4/12 現　金 1,000,000		
	/15 土　　地 1,000,000					
	/18 建　　物 500,000					
	/24 諸　　口 2,020,000					
	/25 給　　料 80,000					

	建　物		土　地
4/18 現　金 500,000		4/15 現　金 1,000,000	

	借　入　金		給　料
4/24 現　金 2,000,000	4/10 現　金 2,000,000	4/25 現　金 80,000	

	支払利息
4/24 現　金 20,000	

【練習問題 5-1】

合　計　残　高　試　算　表
平成２○年4月30日

借　方		勘定科目	貸　方	
残　高	合　計		合　計	残　高
3,793,000	4,451,500	現　　　金	658,500	
2,000,000	2,000,000	土　　　地		
		借　入　金	500,000	500,000
		資　本　金	5,000,000	5,000,000
		売　　　上	950,000	950,000
		受取手数料	1,500	1,500
600,000	600,000	仕　　　入		
50,000	50,000	支払家賃		
7,500	7,500	消耗品費		
1,000	1,000	支払利息		
6,451,500	7,110,000		7,110,000	6,451,500

【練習問題6-1】

（先入先出法）　　　　　商　品　有　高　帳
W商品

日付		摘要	受入			払出			残高		
			数量	単価	金額	数量	単価	金額	数量	単価	金額
6	1	前月繰越	20	300	6,000				20	300	6,000
	7	仕入	20	330	6,600				{ 20	300	6,000
									20	330	6,600
	14	売上				{ 20	300	6,000			
						5	330	1,650	15	330	4,950
	21	仕入	10	360	3,600				{ 15	330	4,950
									10	360	3,600
	28	売上				{ 15	330	4,950			
						5	360	1,800	5	360	1,800
	30	次月繰越				5	360	1,800			
			50		16,200	50		16,200			
7	1	前月繰越	5	360	1,800				5	360	1,800

（移動平均法）　　　　　商　品　有　高　帳
W商品

日付		摘要	受入			払出			残高		
			数量	単価	金額	数量	単価	金額	数量	単価	金額
6	1	前月繰越	20	300	6,000				20	300	6,000
	7	仕入	20	330	6,600				40	※315	12,600
	14	売上				25	315	7,875	15	315	4,725
	21	仕入	10	360	3,600				25	※333	8,325
	28	売上				20	333	6,660	5	333	1,665
	30	次月繰越				5	333	1,665			
			50		16,200	50		16,200			
7	1	前月繰越	5	333	1,665				5	333	1,665

※ $\dfrac{6,000+6,600}{20+20}=315$　　$\dfrac{4,725+3,600}{15+10}=333$

【練習問題 7-1】

小 口 現 金 出 納 帳

受入	平成○年		摘要	支払	内訳 通信費	交通費	消耗品費	雑費
4,910	9	3	前 週 繰 越					
25,090		〃	本 日 補 給					
		〃	郵便切手・葉書	2,800	2,800			
		4	タ ク シ ー 代	4,560		4,560		
		5	事務用封筒・文房具	8,340			8,340	
		6	お茶，コーヒー代	3,710				3,710
		7	新 聞 代	5,480				5,480
		8	バ ス 回 数 券	2,300		2,300		
			合計	27,190	2,800	6,860	8,340	9,190
		8	次 週 繰 越	2,810				
30,000				30,000				
2,810	9	10	前 週 繰 越					
27,190		〃	本 日 補 給					

【練習問題 8-1】

	借方科目	金額	貸方科目	金額
(1)	仕　　入	300,000	支払手形	300,000
(2)	受取手形	100,000	売　　上	100,000
(3)	受取手形 売 掛 金	200,000 300,000	売　　上	500,000
(4)	買 掛 金	100,000	売 掛 金	100,000
(5)	受取手形	300,000	売　　上	300,000
(6)	仕　　入	50,000	支払手形	50,000
(7)	当座預金 手形売却損	295,200 4,800	割引手形	300,000
(8)	仕　　入	200,000	裏書手形 売 掛 金	100,000 100,000
(9)	不渡手形	52,500	受取手形 現　　金	50,000 2,500
(10)	支払手形 支払利息	100,000 800	支払手形	100,800

【練習問題 8-2】

		借方科目	金　額	貸方科目	金　額
6/23	①	仕　　入	50,000	買　掛　金	50,000
	②	買　掛　金	20,000	売　掛　金	20,000
	③	受取手形	30,000	売　掛　金	30,000
/25	①	売　掛　金	80,000	売　　上	80,000
	②	買　掛　金	30,000	裏書手形	30,000
	③	当座預金	20,000	売　掛　金	20,000
/28	①	仕　　入 売　掛　金	40,000 70,000	買　掛　金 売　　上	40,000 70,000
	②	買　掛　金	10,000	支払手形	10,000
	③	現　　金	20,000	売　掛　金	20,000
/30	①	売　掛　金	50,000	売　　上	50,000
	②	当座預金 手形売却損	29,500 500	割引手形	30,000
	③	買　掛　金	20,000	支払手形	20,000

```
         現        金                  当座預金                   受取手形
      58,000    |    9,000         117,000    |   25,000        200,000   |
6/28  20,000    |              6/25  20,000    |            6/23  30,000   |
                               /30  29,500     |

         売  掛  金                  支 払 手 形                   買  掛  金
     360,000   | 125,000                      |   68,000        87,000    | 283,000
6/25  80,000   |6/23 20,000       6/28 10,000 |6/23 20,000  6/23 50,000  |
/28   70,000   | "   30,000       /30  20,000 |/25  30,000  /28  40,000  |
/30   50,000   |/25  20,000                                /28  10,000  |
               |/28  20,000                                /30  20,000  |

         裏 書 手 形                  割 引 手 形                     売        上
               |6/25  30,000              |6/30  30,000                    | 360,000
                                                                       6/25 | 80,000
                                                                       /28  | 70,000
                                                                       /30  | 50,000

         仕        入                  手形売却損
     283,000   |                  6/30   500  |
6/23  50,000   |
/28   40,000   |
```

合 計 残 高 試 算 表
平成2◯年6月30日

借方残高	借方合計	勘定科目	貸方合計	貸方残高
69,000	78,000	現　　金	9,000	
141,500	166,500	当座預金	25,000	
230,000	230,000	受取手形		
345,000	560,000	売　掛　金	215,000	
5,000	5,000	繰越商品		
		支払手形	98,000	98,000
	167,000	買　掛　金	373,000	206,000
		裏書手形	30,000	30,000
		割引手形	30,000	30,000
		資　本　金	300,000	300,000
		売　　上	560,000	560,000
373,000	373,000	仕　　入		
		受取利息	2,000	2,000
62,000	62,000	給　　料		
500	500	手形売却損		
1,226,000	1,642,000		1,642,000	1,226,000

【練習問題9-1】

	借方科目	金　額	貸方科目	金　額
(1)	貸　付　金	500,000	現　　金	500,000
(2)	現　　　金	501,500	貸　付　金 受 取 利 息	500,000 1,500
(3)	現　　　金	50,000	前　受　金	50,000
(4)	前　受　金 受 取 手 形	50,000 150,000	売　　　上	200,000
(5)	売　掛　金 立　替　金	100,000 1,000	売　　　上 現　　　金	100,000 1,000

(解説)(5)の立替金は、売掛金に含めて次のように仕訳してもよい。

　　　(借)売　掛　金　　101,000　　　(貸)売　　　上　　100,000
　　　　　　　　　　　　　　　　　　　　　現　　　金　　　1,000

【練習問題 10-1】

	借方科目	金　額	貸方科目	金　額
(1)	土　　地	10,350,000	当 座 預 金	10,350,000
(2)	建　　物	8,000,000	当 座 預 金 未　払　金	4,000,000 4,000,000
(3)	機 械 装 置	1,110,000	現　　金	1,110,000
(4)	未　収　金 減価償却累計額	2,500,000 2,700,000	建　　物 固定資産売却益※	4,000,000 1,200,000
(5)	車　　両	330,000	現　　金	330,000

※建物売却益を使用してもよい。

【練習問題 11-1】

(1) （借）売買目的有価証券　6,030,000　　（貸）未　払　金　6,030,000
(2) （借）満期保有目的債権　198,000　　（貸）当 座 預 金　202,000
　　　　有 価 証 券 利 息　4,000
(3) （借）当 座 預 金　3,920,000　　（貸）売買目的有価証券　4,020,000
　　　　有 価 証 券 売 却 損※　100,000

※有価証券の帳簿価額より低い価額で売却したときは，有価証券売却損が発生する。

【練習問題 12-1】

資本金勘定で処理する方法

	借方科目	金　額	貸方科目	金　額
(1)	現　　金	1,000,000	資　本　金	1,000,000
(2)	資　本　金	50,000	現　　金	50,000
(3)	通　信　費	35,000	資　本　金	35,000
(4)	損　　益	70,000	資　本　金	70,000

引出金勘定で処理する方法

	借方科目	金　額	貸方科目	金　額
(1)	現　　金	1,000,000	資　本　金	1,000,000
(2)	引　出　金	50,000	現　　金	50,000
(3)	通　信　費	35,000	引　出　金	35,000
(4)	損　　益 資　本　金	70,000 15,000	資　本　金 引　出　金	70,000 15,000

【練習問題 13-1】
(1) 仕入勘定で売上原価を算定する方法
① （借）仕　　入　　800　　　（貸）繰越商品　　800
② （借）繰越商品　　450　　　（貸）仕　　入　　450

繰越商品		
前期繰越高　800	①仕　　入　　800	
②仕　　入　　450		

仕　入		
当期商品仕入高　5,600	②繰越商品　　450	
①繰越商品　　800		

精 算 表

勘定科目	残高試算表 借方	残高試算表 貸方	修正記入 借方	修正記入 貸方	損益計算書 借方	損益計算書 貸方	貸借対照表 借方	貸借対照表 貸方
繰越商品	800		450	800			450	
仕　入	5,600		800	450	5,950			

(2) 売上原価勘定を設定して売上原価を算定する方法
① （借）売上原価　　2,000　　　（貸）繰越商品　　2,000
② （借）売上原価　　83,000　　（貸）仕　　入　　83,000
③ （借）繰越商品　　3,000　　　（貸）売上原価　　3,000

繰越商品		
前期繰越高　2,000	①売上原価　　2,000	
③売上原価　　3,000		

仕　入		
当期商品仕入高　83,000	②売上原価　　83,000	

売上原価		
①繰越商品　　2,000	③繰越商品　　3,000	
②仕　入　　83,000		

精　算　表

勘定科目	残高試算表 借方	残高試算表 貸方	修正記入 借方	修正記入 貸方	損益計算書 借方	損益計算書 貸方	貸借対照表 借方	貸借対照表 貸方
繰越商品	2,000		3,000	2,000			3,000	
仕　入	83,000			83,000				
売上原価			2,000	3,000	82,000			
			83,000					

【練習問題 13-2】

(借) 通 信 費　230　　　(貸) 受取手数料　600
　　 交 通 費　950　　　　　 現金過不足　800
　　 雑　損　　220

　　　　現金過不足
　　　　　800 ｜ 12/31 諸口　800

　　　　受取手数料
　　　　　　　　　　　　　　　7,000
　　　　　　　　　　　12/31 諸口　600

　　　　通 信 費
　　　16,300
12/31 諸口　230

　　　　交 通 費
　　　38,670
12/31 諸口　950

　　　　雑　　損
12/31 諸口　220

精　算　表

勘定科目	残高試算表 借方	残高試算表 貸方	修正記入 借方	修正記入 貸方	損益計算書 借方	損益計算書 貸方	貸借対照表 借方	貸借対照表 貸方
現金過不足	800			800				
通 信 費	16,300		230		16,530			
交 通 費	38,670		950		39,620			
受取手数料		7,000		600		7,600		
雑　(損)			220		220			

【練習問題 13-3】

(1) 消耗品勘定で処理していた場合

(借) 消耗品費　8,750　　　（貸) 消耗品　8,750

精　算　表

勘定科目	残高試算表 借方	残高試算表 貸方	修正記入 借方	修正記入 貸方	損益計算書 借方	損益計算書 貸方	貸借対照表 借方	貸借対照表 貸方
消耗品	10,000			8,750			1,250	
消耗品費			8,750		8,750			

(2) 消耗品費勘定で処理していた場合

(借) 消耗品　1,250　　　（貸) 消耗品費　1,250

精　算　表

勘定科目	残高試算表 借方	残高試算表 貸方	修正記入 借方	修正記入 貸方	損益計算書 借方	損益計算書 貸方	貸借対照表 借方	貸借対照表 貸方
消耗品費	10,000			1,250	8,750			
消耗品			1,250				1,250	

【練習問題 14-1】

	借方科目	金額	貸方科目	金額
(1)	貸倒損失	400,000	貸付金 受取手形	300,000 100,000
(2)	貸倒引当金 貸倒損失	30,000 270,000	売掛金	300,000
(3)	現金	20,000	償却債権取立益	20,000

【練習問題 14-2】

(1) （借）貸倒引当金繰入※　　4,000　　　（貸）貸倒引当金　　4,000
　　※（30,000円＋50,000円）×5％＝4,000円

精 算 表

勘定科目	残高試算表 借方	残高試算表 貸方	修正記入 借方	修正記入 貸方	損益計算書 借方	損益計算書 貸方	貸借対照表 借方	貸借対照表 貸方
売 掛 金	30,000						30,000	
受 取 手 形	50,000						50,000	
貸 倒 引 当 金				4,000				4,000
貸倒引当金繰入			4,000		4,000			

(2) （借）貸倒引当金※　　800　　　（貸）貸倒引当金戻入　　800
　　※（10,000円＋30,000円）×3％－2,000円＝△800円

精 算 表

勘定科目	残高試算表 借方	残高試算表 貸方	修正記入 借方	修正記入 貸方	損益計算書 借方	損益計算書 貸方	貸借対照表 借方	貸借対照表 貸方
売 掛 金	10,000						10,000	
受 取 手 形	30,000						30,000	
貸 倒 引 当 金		2,000	800					1,200
貸倒引当金戻入				800		800		

【練習問題 14-3】

(借) 減 価 償 却 費※　120,000　　　(貸) 建　　物　　120,000

※ $\dfrac{3,000,000}{25\,年} = 120,000\,円$

精 算 表

勘定科目	残高試算表 借方	残高試算表 貸方	修正記入 借方	修正記入 貸方	損益計算書 借方	損益計算書 貸方	貸借対照表 借方	貸借対照表 貸方
建　　物	3,000,000			120,000			2,880,000	
減価償却費			120,000		120,000			

【練習問題 14-4】

(借) 減 価 償 却 費※　250,000　　　(貸) 減価償却累計額　　250,000

※ 400,000 円×0.625＝250,000 円

精 算 表

勘定科目	残高試算表 借方	残高試算表 貸方	修正記入 借方	修正記入 貸方	損益計算書 借方	損益計算書 貸方	貸借対照表 借方	貸借対照表 貸方
備　　品	400,000						400,000	
減価償却累計額				250,000				250,000
減価償却費			250,000		250,000			

【練習問題 14-5】

(借) 建物減価償却費* 200,000　　(貸) 建物減価償却累計額 200,000
　　　機械減価償却費 562,500　　　　　機械減価償却累計額 562,500

※建物 $\dfrac{6,000,000 \text{円}}{30 \text{年}} = 200,000$ 円

　機械（3,000,000 円 − 750,000 円）× 0.250 ＝ 562,500 円

精　算　表

勘定科目	残高試算表 借方	残高試算表 貸方	修正記入 借方	修正記入 貸方	損益計算書 借方	損益計算書 貸方	貸借対照表 借方	貸借対照表 貸方
建　物	6,000,000						6,000,000	
機　械	3,000,000						3,000,000	
建物減価償却累計額		200,000		200,000				400,000
機械減価償却累計額		750,000		562,500				1,312,500
建物減価償却費			200,000		200,000			
機械減価償却費			562,500		562,500			

【練習問題 14-6】

① (借) 未収利息　6,000　　(貸) 受取利息　6,000
② (借) 前払家賃　48,000　　(貸) 支払家賃　48,000
③ (借) 受取地代　80,000　　(貸) 前受地代　80,000

精　算　表

勘定科目	残高試算表 借方	残高試算表 貸方	修正記入 借方	修正記入 貸方	損益計算書 借方	損益計算書 貸方	貸借対照表 借方	貸借対照表 貸方
受取地代		120,000	80,000			40,000		
受取利息				6,000		6,000		
支払家賃	72,000			48,000	24,000			
(未収)利息			6,000				6,000	
(前払)家賃			48,000				48,000	
(前受)地代				80,000				80,000

【練習問題 15-1】

(1) 現金過不足の処理

(借)現金過不足	3,200	(貸)受取配当金	3,000
		雑　　　　益	200

(2) 貸倒引当金の見積もり

(借)貸倒引当金繰入	1,400	(貸)貸倒引当金	1,400

※（60,000円＋280,000円）×3％－8,800円＝1,400円

(3) 有価証券の評価替え

(借)売買目的有価証券	10,000	(貸)有価証券評価益	10,000

(4) 売上原価の算定

(借)仕　　　　入	31,600	(貸)繰　越　商　品	31,600
繰　越　商　品	38,000	仕　　　　入	38,000

(5) 減価償却費の計算

(借)（建物）減価償却費※	20,000	(貸)建物減価償却累計額	20,000
（備品）減価償却費※	25,000	備品減価償却累計額	25,000

※建物減価償却費…$\dfrac{500,000円}{25年}$＝20,000円

備品減価償却費…$\dfrac{200,000円}{8年}$＝25,000円

(6) 保険料の繰り延べ

(借)前払保険料	15,000	(貸)支払保険料	15,000

(7) 受取利息の見越し

(借)未　収　利　息	1,250	(貸)受　取　利　息	1,250

(8) 消耗品の処理

(借)消　　耗　　品	4,600	(貸)消　耗　品　費	4,600

精算表

○○商店　　平成21年12月31日　　（単位：円）

勘定科目	残高試算表 借方	残高試算表 貸方	修正記入 借方	修正記入 貸方	損益計算書 借方	損益計算書 貸方	貸借対照表 借方	貸借対照表 貸方
現　　　金	4,500						4,500	
現金過不足		3,200	3,200					
受 取 手 形	60,000						60,000	
売　掛　金	280,000						280,000	
売買目的有価証券	90,000		10,000				100,000	
繰 越 商 品	31,600		38,000	31,600			38,000	
貸　付　金	100,000						100,000	
建　　　物	500,000						500,000	
備　　　品	200,000						200,000	
買　掛　金		135,000						135,000
貸倒引当金		8,800		1,400				10,200
建物減価償却累計額				20,000				20,000
備品減価償却累計額				25,000				25,000
資　本　金		1,000,000						1,000,000
売　　　上		450,000				450,000		
仕　　　入	233,000		31,600	38,000	226,600			
給　　　料	58,400				58,400			
支払保険料	30,000			15,000	15,000			
消 耗 品 費	12,500			4,600	7,900			
受 取 利 息		2,000		1,250		3,250		
受取配当金		1,000		3,000		4,000		
	1,600,000	1,600,000						
貸倒引当金繰入			1,400		1,400			
減価償却費			20,000		45,000			
			25,000					
有価証券評価（益）				10,000		10,000		
（前払）保険料			15,000				15,000	
消　耗　品			4,600				4,600	
（未収）利息			1,250				1,250	
雑（　益）				200				
当期純（利益）					113,150			113,150
			150,050	150,050	467,450	467,450	1,303,350	1,303,350

【練習問題 16-1】

仕 訳 日 計 表

平成 21 年 6 月 6 日

借 方	元丁	勘定科目	元丁	貸 方
95,000	1	現　　金	1	60,000
30,000	2	当座預金		
50,000	8	買 掛 金	8	150,000
		売　　上	11	45,000
		受取地代	13	50,000
		受取利息	14	20,000
150,000	15	仕　　入		
325,000				325,000

現　金　　　　　　　1
6/6 仕訳日計表 95,000 | 6/6 仕訳日計表 60,000

当座預金　　　　　　2
6/6 仕訳日計表 30,000 |

買 掛 金　　　　　　8
6/6 仕訳日計表 50,000 | 6/6 仕訳日計表 150,000

売　上　　　　　　　11
　　　　　　　　　| 6/6 仕訳日計表 45,000

受取地代　　　　　　13
　　　　　　　　　| 6/6 仕訳日計表 50,000

受取利息　　　　　　14
　　　　　　　　　| 6/6 仕訳日計表 20,000

仕　入　　　　　　　15
6/6 仕訳日計表 150,000 |

索　引

[あ]
預り金　*81*
預り有価証券　*89*

[い]
移動平均法　*48, 50*
一部振替取引　*143*

[う]
受取手形　*61*
受取手形記入帳　*72*
受取配当金　*88*
売掛金　*41*
売掛金元帳　*43*
売上　*39*
売上原価　*39, 98*
売上総利益　*98*
売上帳　*22, 47*
売上値引　*45*
売上戻り　*45*
裏書義務　*67*
裏書義務見返　*67*
裏書手形　*66*
裏書譲渡　*66*

[え]
英米式締切　*137*

[か]
買掛金　*41*
買掛金元帳　*43*
会計期間　*3*
会計公準　*2*

開始残高　*136*
開始仕訳　*136*
貸方　*15*
貸方要素　*17*
貸倒れ　*109*
貸倒損失　*109*
貸倒引当金　*98, 109*
貸付金　*77*
貸付有価証券　*90*
借入金　*77*
借入有価証券　*90*
仮受金　*80*
借方　*15*
借方要素　*17*
仮払金　*80*
為替手形　*63*
勘定　*15*
勘定記入　*16*
勘定口座　*15, 18*
勘定口座番号　*27*

[く]
偶発債務　*66*
繰越試算表　*138*
繰越商品　*39, 99, 100, 101*

[け]
経営成績　*1, 2, 7*
経過勘定　*121*
決算整理　*95*
決算整理記入　*96*
決算整理事項　*95, 98*
決算整理仕訳　*96*

決算本手続き　95, 96
決算予備手続き　95, 96
減価償却　114
減価償却費　98, 114
減価償却累計額　116
現金　4, 52
現金過不足　53, 54, 98, 104
現金出納帳　22, 53

[こ]
交換取引　12
合計残高試算表　32, 36
合計試算表　32, 34
公社債　52, 87, 88
子会社株式および関連会社株式　87
小書き　23, 141, 142
小口現金　57
小口現金出納帳　59
固定資産　84
固定資産売却損益　85
固定資産除却損益　85
混合取引　13

[さ]
財産法　6
財政状態　1, 2, 4
財務諸表　29
先入先出法　48, 49
差入保管有価証券　90
差入有価証券　89
指図人　63
雑損益勘定　104
残存価額　114, 117
残高試算表　32, 35
三伝票制　141

三分法　39

[し]
仕入　39
仕入先元帳（買掛金元帳）　22, 43
仕入帳　22, 47
仕入値引　45
仕入戻し　45
自己宛為替手形　65
自己受為替手形　65
資産　4
試算表　32
仕丁欄　27
支払手形　61
支払手形記入帳　73
資本（純資産）　4
資本金　5, 92
資本等式　5
収益　7
収益の繰延べ　123
収益の見越し　125
取得原価　84, 87, 103, 114
出金伝票　142
主要簿　22
償却債権取立益　112
証憑　141
商品有高帳　22, 48
商品券　82
商品売買益　38
消耗品　98, 106, 107
消耗品費　106, 107
諸掛り　46
諸口　20
仕訳　17
仕訳帳　17, 22, 23

仕訳日計表　*145*
人名勘定　*42*

[す]
随時補給法　*57*

[せ]
精算表　*95, 96, 127*

[そ]
総勘定元帳　*18, 22*
遡及義務　*66*
その他有価証券　*87*
損益勘定　*93, 131*
損益計算書　*7, 8*
損益計算書等式　*8*
損益取引　*12*
損益法　*8*

[た]
貸借対照表　*4, 5, 6*
貸借対照表等式　*5*
貸借平均の原理　*28, 32*
対照勘定　*66*
耐用年数　*114*
大陸式締切　*133*
立替金　*81*
他店商品券　*82*
棚卸資産　*98, 103*
棚卸資産評価損　*103*
単式簿記　*2*

[ち]
帳簿　*22*

[て]
定額法　*114*
定額資金前渡法（インプレスト・システム）　*57*
定率法　*114*
T勘定　*15*
手形貸付金　*71*
手形借入金　*71*
手形の更改　*71*
転記　*18, 19*

[と]
当座　*56*
当座借越　*55*
当座預金　*54*
当座預金出納帳　*57*
投資その他の資産　*84*
投資有価証券　*87*
統制勘定　*43*
得意先元帳（売掛金元帳）　*22, 43*
取引　*11*

[な]
名宛人　*61, 63*

[に]
入金伝票　*141*

[ね]
値引き　*45*

[は]
売買目的有価証券　*87*
8桁精算表　*96, 97, 128*

[ひ]
引出金　93
費用　7
費用の繰延べ　122
費用の見越し　124
評価勘定　66, 116
評価性引当金　109

[ふ]
複式簿記　2, 29, 32
負債　4
付随費用　84, 87
振替仕訳　131
振替伝票　143
振出人　60, 63
不渡手形　66, 70
分記法　38

[へ]
平均原価法　87
返品　45

[ほ]
保管有価証券　89
保証債務取崩益　69
保証債務費用　69
補助簿　22
補助元帳　22

[ま]
前受金　79
前受収益　123

前払金（前渡金）　79
前払費用　122
満期保有目的債権　87

[み]
未収金　78
未収収益　125
未払金　78
未払費用　124

[む]
無形固定資産　84

[も]
元帳　18, 22
元帳の締切　131
元丁欄　27, 147

[や]
約束手形　61

[ゆ]
有価証券　87
有価証券売却損益　88
有価証券評価損益　120
有価証券利息　88
有形固定資産　84, 114

[わ]
割引義務　68
割引義務見返　68
割引手形　68

■著者紹介

田中　恵美子　（たなか　えみこ）

　　1997 年　　税理士試験合格
　　1998 年〜 2006 年　　多摩情報経理専門学校 専任講師
　　2004 年〜　　桜美林大学経済学部 兼任講師（中小企業入門、企業分析論担当）
　　2006 年〜　　青山学院大学経営学部 兼任講師（簿記論担当）

精説　簿記論

2008 年 4 月 30 日　初版第 1 刷発行

■著　　者──田中恵美子
■発 行 者──佐藤　守
■発 行 所──株式会社 大学教育出版
　　　　　　　〒 700-0953　岡山市西市 855-4
　　　　　　　電話 (086) 244-1268　FAX (086) 246-0294
■印刷製本───モリモト印刷㈱
■装　　丁──ティーボーンデザイン事務所

Ⓒ Emiko Tanaka 2008, Printed in Japan
検印省略　　落丁・乱丁本はお取り替えいたします。
無断で本書の一部または全部を複写・複製することは禁じられています。
ISBN978 − 4 − 88730 − 841 − 1